U0750622

格律诗词 的

粤语吟诵和朗读的语音及呼吸韵律研究

邓德崇 著

暨南大学出版社
JINAN UNIVERSITY PRESS

中国·广州

图书在版编目（CIP）数据

格律诗词的粤语吟诵和朗读的语音及呼吸韵律研究/邓德崇著．—广州：暨南大学出版社，2024.8

ISBN 978 - 7 - 5668 - 3947 - 3

Ⅰ.①格…　Ⅱ.①邓…　Ⅲ.①古典诗歌—朗诵—研究—中国　Ⅳ.①H119

中国国家版本馆 CIP 数据核字（2024）第 110784 号

格律诗词的粤语吟诵和朗读的语音及呼吸韵律研究

GELÜ SHICI DE YUEYU YINSONG HE LANGDU DE YUYIN JI HUXI YUNLÜ YANJIU

著　者：邓德崇

出 版 人：阳　翼
策划编辑：黄　颖
责任编辑：黄　颖
责任校对：刘舜怡　黄子聪
责任印制：周一丹　郑玉婷

出版发行：暨南大学出版社（511434）
电　　话：总编室（8620）31105261
　　　　　营销部（8620）37331682　37331689
传　　真：（8620）31105289（办公室）　37331684（营销部）
网　　址：http：//www.jnupress.com
排　　版：广州市新晨文化发展有限公司
印　　刷：广州市友盛彩印有限公司
开　　本：787mm×1092mm　1/16
印　　张：8.25
字　　数：180 千
版　　次：2024 年 8 月第 1 版
印　　次：2024 年 8 月第 1 次
定　　价：49.80 元

（暨大版图书如有印装质量问题，请与出版社总编室联系调换）

前　言

呼吸和语音是人类言语发生过程中最为重要的生理与声学基础。本书通过同步采集的语音及呼吸信号，对格律诗词粤语吟诵和朗读的语音及呼吸韵律进行研究，揭示粤语吟诵和朗读的语音与呼吸韵律规律及其与诗词小句之间韵律层级的对应关系。

全书由五个部分组成：

第1章"绪论"主要介绍国内外研究现状与发展趋势，简要说明实验设计和研究方法。

第2章研究格律诗的粤语吟诵的语音与呼吸韵律间的关系，我们发现五、七言诗的呼吸韵律层级均可分为两级，五言诗在第二字上存在韵律短语的划分边界；七言诗除平起平收式，均在第四字上存在韵律短语的划分边界，平起平收式在第二字上存在韵律短语的划分边界。

第3章研究词在粤语吟诵时语音韵律与呼吸韵律间的关系，主要通过不同字数的不同句式的韵律层级的划分来进行研究。研究结果发现，三、四、五字句独立构成韵律短语，对应二级呼吸重置；六、七字句能够独立形成韵律句，且在第四字上存在韵律短语的划分边界。

第4章从不同平仄格式和不同句式的类型两个角度分别对格律诗与词在粤语朗读中呼吸韵律及语音韵律的对应关系和表现情况进行研究。研究结果表明，五言诗朗读由三级呼吸重置组成，在第二字上存在韵律短语的划分边界；七言诗由两级呼吸重置组成，仄起平收式和仄起仄收式在第四字上存在韵律短语的划分边界，平起平收式和平起仄收式在第二字上存在韵律短语的划分边界；词的三、四、五字句一般不能独立构成呼吸韵律句，对应二级呼吸重置，六、七字句能够独立成为韵律句，且在第四字上存在韵律短语的划分边界。

第 5 章主要总结本书的主要论点及尚待解决的问题。

通过上述研究，我们能够较为深刻地理解粤语韵律的生理基础和在不同状态下的呼吸特征，丰富粤语语音生理方面的研究。

邓德崇

2024 年 7 月

目　录
Contents

1

绪　论

　　呼吸对人类生存和言语交流起着至关重要的作用。目前，言语生理的研究已成为语音学研究的一个重要方面。但是粤语语音的生理研究整体还比较薄弱，呼吸韵律方面的研究目前很少涉及。本书主要采用现代语音学的研究方法，使用呼吸带传感器、麦克风、喉头仪、高清摄像机等设备，采集粤语吟诵、朗读时的呼吸信号以及与呼吸相关的信号，重点探究粤语言语呼吸与韵律的关系。本书的实验研究将有助于认识粤语韵律的生理基础和在不同状态下的呼吸特征，丰富粤语生理研究的内容，并为粤语语音研究、语音教学、言语合成、呼吸生理等相关领域提供数据支持和理论参考。

1.1　国内外研究现状和发展趋势

　　本书综述从五个方面的国内外研究现状展开，分别为言语呼吸与生理机制的研究、不同风格类型的言语呼吸研究、言语呼吸参数的提取、汉语的韵律研究、粤语吟诵和朗诵研究。其中言语呼吸与生理机制的研究和言语呼吸参数的提取是针对国内外所使用的技术手段而进行的整理，为本书提供技术理论基础；不同风格类型的言语呼吸研究主要是针对国内外相关学术内容的研究现状进行的归类和整理，为本书提供内容架构基础；汉语的韵律研究与粤语吟诵和朗诵研究主要是针对目前国内外对汉语韵律和粤语吟诵的研究现状进行的整理，为本书提供韵律和吟诵的理论基础。通过这五个部分的整理和分析，我们能够全方位、多角度地认识言语呼吸韵律，并从中取长补短，更好地为今后的语言研究服务。

1.1.1 言语呼吸与生理机制的研究

呼吸为人类的言语行为提供动力，在人类进行言语交际时，其呼吸过程是一个比较复杂的生理运动。呼吸系统的进化则为言语的产生和活动提供了必要的条件。Liberman P. (1984：98 - 99) 提到，在呼吸作为维持生命作用的方面，人类与其他动物相同，但在言语呼吸方面，则与呼吸系统长期的历史进化有关，人类语调的产生可能是基于两种生理机制之间的一种相互作用。当人在进行言语交流时，呼吸系统的性质已经超过了呼吸运动最基本的生物性的形式。"人类用以调整呼吸的生理系统的进化过程反映了句子生成时句法统治现象的存在。"这表明了语言的产生与发展对人类呼吸系统的不断完善提出了客观要求，语言和人类呼吸系统的进化与完善是相互作用的。Draper M. H. 等人（1959：16 - 35）的研究主要关注言语的发音特征和生理活动变化，研究的对象主要包括呼吸肌肉的运动、肺内部气压变化所伴随的变化以及肺部体积的变化所伴随的变化。早期研究呼吸时的肌肉变化主要使用肌电仪来测量和记录，虽然当时的研究手段还不够完备，但这种方法为言语呼吸的生理研究铺开了道路。Luchsinger、Godfrey、Arnold（1965：13）认为，在发音前吸气，胸部曲线会随着吸气动作的升高而升高，腹部的曲线会随着呼气动作的降低而降低，即在发声吸气之前有一个胸壁调节动作。Ladefoged（1967）指出，肋间内肌在大部分的言语中是活跃的，肺容量与人在安静时的呼吸相似。当肺容量较高时，肋间外肌起着主要作用——它改变胸廓下降，从而减少了来自肺部反弹力的压力。当肺容量较低时，其他肌肉，如腹部直肌和内部斜肌，支持着肋间内肌活动，而且只有在松弛压力刚好达到维持声带的振动时，内、外部肋间肌才会同时活动。然而 Ladefoged 和 Loeb（2002）的研究又证明人在说话时肋间内肌和肋间外肌是同时活动的，腹部直肌的活动也与肋间外肌的活动有所重叠，总而言之，随着肺部气压的不断减少，肋间外肌的活动是不断减弱的，肋间内肌和腹部直肌的活动则不断增强。Hixon 等人（1973）开始对人类在朗读时的呼吸节奏进行研究。他们的研究表明，胸壁腔是由胸廓和横膈膜两部分组成，其中，胸廓参与呼吸运动。当人在吸气时，胸廓的前后左右各部分均增大；人在呼气时，胸廓的各部分则向相反方向运动，使得胸腔的容积变小。他们于 1976 年的研究表明，腹部在朗读演讲的过程中起到了重要的作用。它通过调节膈膜来提高吸气的效率，从而使人们在讲话的过程中，不会因为吸气需要而被迫使得讲话多次暂停。Bakenetal（1979）的研究表明，胸腔和横膈膜的变化都对呼吸有贡献，但是二者的运动方式不完全一致。胸腔和腹腔的运动并不是同时开始的，一般来说腹腔要比胸腔先运动。他认为这种"发声前异步"（prephonatory asynchrony）可能与胸腔壁为了适应语言的需要而作出的调整有关。他同时还发现了人们通过腹腔的调整来适应和表达词重音。Baken（1979：862 - 872）将麦克风放置在发音人的甲状腺软骨旁，并通过水平鉴别器来采集信号。他的研究认为，在发音开始前，人体内的气体会从腹部向胸部移动，肺活量会伴随一些变化。他同时发现，胸腹在受到发音刺激时会出现向相反方向移动的调整时期，以适应不同肺部体积的变化。肺容量低时通常需要更多的调节时间，而为了更好地调节呼吸，就需要更高的肺容量。然而，在发音刺激开始时胸壁移动的方向在调节的过程中并没有很显著的变化，这将成为之后研究的一个课题。Hoit 等人（1988）研究了在平静时和言语呼吸时人类腹部肌肉运动的情况。研究结果发现，腹部肌肉肌电图所显示的活动方式随着身体姿势的不同而不同。在人类言语交谈状态下，腹部侧肌在直立时十分活跃，而在仰卧的时候则只偶尔活动。直立时肌电图显示腹部侧肌活跃度较高，而且总高于平静时呼吸的活跃度。在仰卧时，腹部侧肌的肌电图数据显示要比平静呼吸时的高，但是总体要低于在直立时的活跃度。Stathopoulos 等人（1991：761–767）研究了 10 个健康成年人在低声细语时和正常讲话时的呼吸功能与喉功能的状态。他们主要用两个线圈分别绑在发音人的胸腔和腹部，通过发音人背部的线圈传感器接收磁力信号，来自磁力仪的信号则由储存示波器和调频磁带系统来记录，语音信号则由录音系统记录在一个单独的通道。研究结果表明，低声细语与正常讲话相比，需要较低的肺容量、较低的气管压、较高的经喉气流和较低的喉气道阻力，每个呼吸组使用较少的音节。他们认为，使用较低的肺容量可能反映了实现不同气管压力目标的一种手段。相对于正常讲话来说，在低声细语时减少每个呼吸组使用的音节个数，对于高频率的呼吸来说是一种调节作用。Maclarnon 和 Hewitt（1999）专门从人类言语进化的角度研究了言语呼吸控制的增强过程。研究发现，与穴居人类、灵长类动物以及东非直立人不同，现代人类在胸部脊椎槽上有一些扩展，胸部的神经分布同时也有了明显的增加。他们认为这样一种现象的出现很有可能是由说话时呼吸系统对呼吸运动控制的增强引发的。同时，受胸部神经分布支配的呼吸肌群以及喉部和声门的进化，都与人类的言语产生有密切的关系，这对言语呼吸的研究有着重要的影响。

　　总的来说，以往对于言语呼吸及其生理机制的理论研究，可以分为 Weismer（1985）所说的"传统理论"和"现代理论"两大类。"传统理论"认为在言语呼吸的过程中，当肺容量要高于基本剩余量时，为了抑制肺部的反冲力，使肺部气压不至于下降得太快，吸气肌群就会变得很活跃。当人类在叙述时长较短、响度较小的言语段时则仅依靠正常的呼吸就可以完成，不需要依赖呼气肌群；而时长较长、响度较大的言语行为则会使正常呼吸发生偏移。"现代理论"则认为人类在进行言语呼吸的过程中，腹部肌群在呼吸中起到了重要的作用。在大多数的言语中，特别是在谈话语体中，句首多依靠肺部的反冲力所产生的肺容量来产生声门下压力，之后的呼气动力便必须依赖肌群运动以维持声门下压力。简单来讲，两者的差异还是十分明显的："传统理论"认为，言语产生的生理过程是由胸腔肌群完成的；而"现代理论"则更强调腹部系统在言语呼吸中的作用。

1.1.2 不同风格类型的言语呼吸研究

目前，学界对于言语呼吸的研究角度和研究形式的研究都比较丰富。下面我们根据不同风格类型的言语呼吸，对内容分为韵文类、艺术类、新闻播音类、口语类的言语呼吸研究成果展开述评。

（1）韵文类。

杨阳蕊、于洪志、李永宏（2010）通过采集藏文诗歌的呼吸生理信号，利用统计学的方法对呼吸信号进行参数的提取与统计分析，研究呼吸信号的重置时长和重置幅度，结果表明呼吸重置时长和幅度有着很高的一致性和相关性。杨锋（2012）从语音多模态研究的理念出发，采录四个方言区 4 位先生传统吟诵的视频、语音、嗓音 EGG 和胸腹呼吸信号，运用实验语音学的技术手段和语言学理论方法对吟诵进行深入的研究，探索语言与音乐的关系，比较古诗词文朗读和吟诵在韵律、旋律、发声和呼吸各方面的异同，探析古典诗歌节奏、呼吸与字数演变的关系，分析了格律诗以五言、七言为主流和押平声韵的原因，比较了不同方言格律诗吟诵的异同。印雪晨等人（2014）选择宋词为实验语料，对语音信号的韵律等级进行切分，通过判断呼吸周期的波峰和波谷来标记吸气相和呼气相，揭示了不同语音韵律的等级时长和两个常见的呼吸结构模型之间的相关性。

（2）艺术类。

李永宏、方华萍、格根塔娜、刘璇（2012）通过对蒙古长调民歌的语音信号和胸腹呼吸生理信号的采集，提取了相关的声学参数和生理参数，以呼吸周期为单元分析了男女歌手的胸呼吸和腹呼吸方式。研究表明，女歌手的胸腹呼吸节奏比男歌手的要更清晰，同时呼吸幅度也要大于男歌手；女歌手呼吸单元平均时长要大于男歌手；与言语呼吸的特性相比，长调民歌的胸呼吸与腹呼吸保持同步。刘璇、方华萍、李永宏（2013）通过采集蒙古族短调民歌《敬酒歌》的语音信号和胸腹呼吸生理信号，提取了相关的声学参数和生理参数，以呼吸周期为单元，对这首短调民歌的胸呼吸和腹呼吸方式进行了分析。实验研究发现，与言语呼吸相比，蒙古短调民歌的腹呼吸要比胸呼吸提前；吸气相的斜率要大于呼气相斜率；呼气相时长大于吸气相时长，并且呼气相和吸气相都有持续段。张锦玉（2014）对 5 位被试歌唱时的语音和呼吸进行记录和分析，结果发现，歌唱呼吸是受到歌曲旋律控制的，旋律群与呼吸段落的对应十分整齐，一个旋律群对应一个呼吸段落；与言语呼吸相比，歌唱时的吸气时间短、速率大、幅度稳定，而呼气的时间长、速率小、幅度稳定，呼吸曲线分别以陡升型和缓降型为主。歌唱中音节的呼吸时长、幅度等与其所对应的节拍有关，不同节拍具有相对固定且可以相互区别开来的呼吸时长、幅度范围；乐谱中重复的若干旋律群之间在时长、幅度、斜率等呼吸参数上的变化规律基本一致。这与受韵律控制的言语呼吸相比，歌唱呼吸表现出跨界、稳定、重复等特征。

（3）新闻播音类。

新闻播音属于准口语类的言语风格，国内针对新闻播音的言语呼吸研究成果相对来说是比较丰富的。

在国内，最早使用呼吸带进行言语的呼吸及韵律研究的是谭晶晶、孔江平（2006），他们主要通过呼吸带传感器对汉语新闻朗读语料的呼吸节奏进行研究。研究结果发现新闻朗读中呼吸主要分为三级，大呼吸对应自然段，中呼吸对应复句，小呼吸对应单句或者是句子成分；呼吸重置的地方必有停顿，但停顿不一定存在呼吸重置。尹基德、孔江平（2007）运用肌电仪和呼吸带传感器，采集了几篇韩语新闻、散文，以及简单复句的朗读语料的呼吸及相关信号，并运用语音分析软件对呼吸节奏和音高的关系进行了研究。该文与谭晶晶、孔江平（2006）的实验进行了对比研究，得出以下结论：发现与汉语朗读语料研究结果不同，韩语呼吸朗读的呼吸重置与语流中停顿的位置是相对应的；发现呼吸群和语调群的不同，语调群边界上的音高调节形式决定呼吸的重置。该文还为实验中的呼吸结构类型进行了命名。李永宏等人（2010）主要利用统计学的方法从言语生理的角度研究藏语新闻在朗读时的呼吸生理特性，通过对男女发音人呼吸信号的声学表现的研究，得出以下结论：每一条新闻的第一自然段都会有一个大的呼吸重置；呼吸重置的大小由多种因素决定，一个大呼吸单元由于在语篇中所处的位置不同会致使呼吸重置大小的不同，同时呼吸重置前后分句的字数多少也会影响呼吸重置的大小。呼吸重置的时间越长，呼吸重置的幅度就越大，同时再次证明，语流中停顿的数量一般要比呼吸重置的数量多，语流中有呼吸重置的地方必然有停顿，但是有停顿的地方不一定有呼吸重置。张金爽等人（2011）主要从言语生理学的角度，对藏语新闻在朗读时的语音停顿和呼吸重置关系进行了研究。他们主要通过呼吸带传感器和肌电仪采集了 20 篇藏语新闻朗读的呼吸信号和语音信号。实验证明，语音停顿时间越长，停顿后的韵律单元就越大，并且发现语音停顿时长与呼吸重置时长呈正相关；语音停顿时长与呼吸重置幅度也呈正相关；语音停顿时长与呼吸重置斜率呈负相关。张金爽（2012）主要对藏语拉萨话新闻朗读的呼吸、韵律以及二者关系进行研究，并且设计了一套藏语拉萨话新闻朗读呼吸和韵律的研究系统。他从韵律、呼吸、胸腹呼吸关系以及呼吸和韵律关系等方面对藏语拉萨话的新闻朗读展开研究，并在不同的层面对其进行统计分析和研究。这篇文章采用了录音、平台搭建、数据提取、统计分析等流程，结合了计算机和统计学等多种方法，在研究内容和手段方面还是比较新颖的，但是其对于言语呼吸的研究方法还在试验阶段，还需要进一步用其对其他语言和文体进行一些相关研究。张金爽、张锦玉（2013）运用呼吸带传感器，以三句式排比句为语料基础来研究句际排比的呼气特点。实验研究以每个音节的声母和韵母的呼气度为数据基础，以音节作为韵律基础，分别对韵律词、韵律短语和韵律句在排比句中的呼气特征进行分析。结果发现，"结构平行"这类排比句的语法特点，同样表现在呼气度的特点中；韵律单元越大，韵律位置对排比句中韵律单元内和边界前后的呼气度的变化影响越小；韵律单元越大的音节中声韵母呼气度对排比句中韵律单元内和边界前后呼气度变化影响越小；韵律单元边界前后的音节呼气度对比，为韵律边界提供了生理线索。

（4）口语类。

目前，口语类的言语呼吸韵律的研究比较少，主要是对讲述、复述和自述的呼吸韵律进行研究。张锦玉、石锋、白学军（2011）以小故事《北风跟太阳》为实验语料，对4位发音人在朗读和讲述时呼吸的不同表现进行了初步的分析。实验发现，朗读时的停顿较多，除了在标点处有较长的停顿外，句中还常常有短小停顿。在讲述时的停顿较少，停顿主要集中在句末或分句末，而句中停顿的数量则明显下降。除此以外，讲述呼吸与朗读呼吸在呼吸时长、幅度、斜率及呼吸时间商等参数上都有不同表现。张锦玉（2011）以小故事《北风跟太阳》和11篇个人自我介绍为语料，研究了朗读、复述和自述三种状态下的呼吸韵律的关系。研究发现，与朗读一样，复述和自述时的呼吸也可大致分为呼吸群、呼吸段和呼吸节三级。不过在复述时的呼吸单位与韵律单位的对应没有朗读时那么整齐，而在自述时呼吸单位与韵律单位的对应就更加复杂。可以看出，发音人在进行自然话语时，使用了更多的心理资源去加工言语的内容，而对呼吸的监控度下降，韵律对呼吸的影响也在减少。因此，三种言语状态下的呼吸单位与韵律单位对应的整齐度排序为：朗读＞复述＞自述。

以上我们总结了不同风格类型视角下的言语呼吸研究，发现目前对于言语呼吸的风格类型的研究多集中在艺术类和新闻播音类，韵文类和口语类风格类型的研究成果比较少。这样就为我们开拓了一些新的思路，譬如粤语中韵文类风格的文本在朗读过程中它的呼吸韵律有什么规律与特征？它与粤语吟诵时的呼吸有哪些不同？呼吸与韵律之间的关系又是怎样的？相同风格类型的文本采用不同的阅读方式是否会产生相同的呼吸模式？这些问题都有待我们进一步思考和研究。

1.1.3 言语呼吸参数的提取

目前，国内对言语呼吸韵律的研究手段多种多样，提取参数的方法和对参数的处理也各有不同。学者们多数在实验中使用呼吸带传感器来提取呼吸重置时长、幅度、斜率等参数，然后对参数进行处理。在处理的过程中，各家使用的方法又略有不同。国内北京大学中文系语言学实验室率先使用呼吸带传感器进行呼吸方面的研究。谭晶晶、孔江平

（2006）主要提取的参数是呼吸重置的时长和重置幅度，对呼吸信号处理的程序是在 Windows 平台下运行 Matlab 程序来实现的。他们通过手动和自动两种方式对呼吸信号的重置进行标注，主要标注的参数为重置谷底的位置和相对幅值、重置峰值的位置和相对幅值，然后计算每一个呼吸重置需要的时长和幅度，最后对标记好的 wav 文件进行批量处理，自动读取标记数据到 Excel 表格中。谭晶晶、孔江平、李永宏（2008）通过呼吸带传感器和自动标注系统提取出呼吸重置的幅度与时长，并在此基础上用 SPSS 绘制了直方图，分析了频度分布的情况。李永宏等人（2010）主要提取新闻呼吸信号的重置时长和幅度参数，并且将每一个完整的呼吸过程定义为每个呼吸基元（Breath Cell），每个呼吸基元都包括一个吸气单元（Inspiration Cell）和一个呼气单元（Expiration Cell）。张金爽等人（2011）对于参数的设置，是将 20 篇新闻语音放入 Praat 中，其中语音信号中的无声波部分为语音停顿，语音停顿段通常对应呼吸信号的吸气相，两个语音停顿段之间是语音段。一个呼吸周期中上升段是吸气相，下降段是呼气相。这篇文章提取的吸气相参数为呼吸重置幅度和呼吸重置时长；提取的呼气相参数为呼气相幅度和呼气相时长。实验用 Praat 进行标注，层级分为呼吸层和三级韵律层：有呼吸重置的段落、韵律句和韵律短语。最终将数据导出到 Excel 表格中，利用 SPSS 软件对各项参数进行统计制图分析。李永宏等人（2012）主要通过 Matlab 程序，对整首长调进行呼吸单元标注，然后对每个呼吸单元内的吸气相、呼气相以及持续段进行标注，并提取相关参数，把数据导出制表，直接对此分析。石锋（2009）根据言语呼吸的研究，提出了呼吸度的概念，并对呼吸在话语节律中的表现、呼吸与韵律的关系、呼吸和语义的关系进行研究。结果表明，话语呼吸节律与自然呼吸节律不同，呼气和吸气曲线的各参数均与韵律单位等级有着密切的关系。张锦玉、石锋、白学军（2011）对朗读和讲述时呼吸的不同表现进行了初步的分析。实验中所使用的参数主要是吸气时长、呼气时长、呼吸峰值、呼吸谷值，其他参数均可由以上参数计算得到。该实验采用了石峰（2009）的"呼吸度"的概念和算法。因为呼吸曲线的斜率可以综合反映呼吸中时间与幅度的关系以及呼吸的变化情况，所以文章将呼吸斜率作为考察话语节律的主要参数。杨锋（2012）基于 Matlab 建立了一个可以同步分析语音、嗓音、呼吸的软件平台，提取了呼吸重置时长，呼吸重置幅度，吸气相和呼气相的斜率、面积等相关参数。使用这一分析软件平台可以直接通过导出数据输出韵律层及与文本标注图、呼吸与韵律层级标注图和不同发声方式在韵律层级中的分布图。对数据进行切分标注之后，导出数据便可由软件自动输出直观、可靠的数据图，省去了再用其他统计软件作图的麻烦。

上面我们总结了各家在提取言语呼吸参数时的不同参数与不同形式。尽管各家方法不完全相同，但都能够为言语呼吸的相关研究服务。当然，我们也看到有些研究在提取参数的过程中还存在着一些问题，例如在数据提取时，有些研究的数据切分和分析数据并不是在同一个平台上运行的，数据处理可能会比较烦琐。这可为今后的研究提供一些经验和教训，希望数据处理方法在今后研究的过程中不断地得到改善和提高。

1.1.4　汉语的韵律研究

语言学中的韵律一般指的是言语中的节奏和语调，它是"话段内部大小不同的成分组成的结构"（Beckman M. E. & Edwards J. ，1990）。《语言与语言学词典》（1981）认为韵律具有诸如重音、语调、数量、停顿等语言学特征，韵律研究关注比音位更大的单位，同时还包括了话语的节拍和节奏。可以看出，韵律主要关注语言中的超音段现象。超音段是指依附在元辅音之上的高低、长短、轻重、语调、节奏等方面的变化，所以韵律特征也可称作超音段特征。由于任何一种语言都存在韵律特征，只是语言中所包含的特征的多少、具体特征显著存在着差异，所以每一种语言都有自己特有的韵律系统。说话人的情感态度也是通过韵律特征来体现的，这使言语中的韵律特征呈现出不同特色的变化。

对于汉语韵律的研究，冯胜利（1997）等语言学家认为，汉语最基本的音步是两个音节，汉语的"标准韵律词"只能是两个音节，单音节词不能构成一个音步，一般只能出现在以单音节词为"独立语段"的环境中，它可以通过"停顿"或"拉长该音节的元音"等方式去补足成为一个音步。近年来，对韵律的研究越来越受到语言学家及言语工程学家的重视，关于韵律的研究有很多，总体来说，国内外学者对韵律的研究综合了层级结构、时长、音高、停延等多个领域的研究内容。此外，研究方法也在不断衍生，有些学者从语料库出发，以韵律单元的性质、时长和声调等作为文本特征，研究其韵律结构；或者从语音出发，提取汉语韵律边界处的基频、振幅等声学参数，进而研究韵律的结构信息。本书综述将从韵律的声学、生理、心理和粤语研究四个角度，对不同韵律单位的声学特征、运用呼吸带传感器和电子腭位仪进行的生理研究、韵律的神经加工机制以及目前粤语韵律的研究等论文进行整理和归纳，从多层面、多角度认识言语中的韵律，并从中取长补短，以期能够更好地为语音声学和语言生理研究服务。

1.1.4.1　韵律的声学研究

目前，学界关于声学与韵律的研究角度和研究形式都比较丰富。下面我们从韵律层级的划分角度，就现有运用声学的方法对韵律层级、音节韵律表现、韵律词、韵律短语、语调组韵律表现、语篇韵律等方面进行讨论的研究成果展开述评。

1. 对韵律层级的研究

韵律具有层级性，它是一种相对独立于句法结构的层级系统。国外对韵律层级的研究开展得较早，20世纪40年代末，英国语言学家 J. R. Fir 首次提出了韵律语音学的概念，奠定了韵律学研究的基础。早期在对韵律层级的研究中为了排除句法结构对韵律结构感知的影响，一般会采用倒频谱或低通滤波的方法来消除话语的音段特征，只保留其韵律信息，从而证明了韵律层级是可以独立存在的。Selkirk（1984）认为韵律层级从低到高分别由音节、音步、韵律词、音系短语和语调短语构成。Halliday（1985）提出了单位层级的划分标准，即要保证划分单位的同质性且要保证每一级单位有不同于上、下级其他韵律单元的特性，同时每一级的韵律单位都要有特有的组合模式。他还在其音系理论中建立了四个层面的音系单位，从高到低分别是：调群、音步、音节、音位，他认为音步是基本节奏单位，不是信息单位，调群是最小信息单位，具有传递信息的性质。而 McCarthy 和 Prince（1996）则认为在人类语言的韵律层级中，音步是"最小的能够自由运用的韵律单位"。

随着言语工程技术的兴起，国内语音学界对于韵律层级以及韵律边界的声学特征方面的研究越来越多，并且取得了一些优秀的学术成果。李爱军（1999）认为，汉语的韵律结构是一种层级结构，从小到大可分为音节、音步、韵律词、次要韵律短语、主要韵律短语和语调组。同时他还发现，语调结构主要是由轻重音和韵律结构决定的。由于汉语是有调语言，基频（F0）同时负载了声调和语调信息，轻重音除了影响音长、高低音阶之外，还会影响音域。音域的变化指音域的加宽或收窄。音阶是指音域的高低，音阶的变化包括音域的抬高和降低。在音节作为考察单位时，重读音节的音长和音高不相关，但在非边界前重读上声的音高上限和音长有负相关关系。在韵律方面，自然口语和朗读语篇比较，感情重音和对比重音出现更频繁；自然口语的韵律短语的音高上限变化程度也比朗读话语要大，即韵律短语的调阶和调域变化范围更大。

林茂灿（2001）认为语句韵律成分包括韵律词和韵律短语，人们通过简单韵律词、复杂韵律词和复合韵律词三种韵律成分将词汇组成韵律短语和语句。

曹剑芬（2001）通过对汉语韵律进行切分，认为连续话语可切分为韵律词、韵律短语和语调短语三级单位。她认为在实际使用的话语中，为了满足韵律的需要，单音节的语法词都会或者通过延长该音节，或者前附到另一个标准音步上，或者跟前后其他的单音节词组合，设法凑足一个标准音步或超音步，从而构成一个韵律词，而且这种韵律组词并不是任意的，而是遵循一定的原则的。同时她还发现语句内部各级停顿的分布与句法结构和词性之间没有始终一致的相关关系。

郑秋豫（2005）构建了一个"阶层式多短语语流韵律"（HPG）的系统，她定义了一个六级韵律结构：音节（SYL）、韵律词（PW）、韵律短语（PPH）、呼吸组（BG）、韵律短语群（PG）和语篇（DIS），她把"呼吸组"作为一级重要的韵律单位。

王洪君（2008）结合郑秋豫的研究结论，提出了韵律层级单位和具体汉语普通话的韵律层级单位：

纯韵律（从大到小）：语调段—大停延段—小停延段—词重音段—音步—音节—mora

普通话（从大到小）：语调段—大停延段—小停延段—音步—音节—mora

除了对韵律层级进行划分和研究，针对韵律层级中各种韵律单元的声学研究成果也非常丰富。例如，钱瑶、初敏、潘悟云（2001）通过感知实验提出了4种普通话韵律结构单元：音节、语音词、中间短语和韵律短语，发现中间短语和韵律短语边界处的前音节有音延和静音段；韵律短语边界前后音节的音高动态范围有错位的现象。静音段长度与前音节时长是相互补偿的，而静音段长度与后音节音高上、下限线的重置程度是相互增益的。

王茂林（2003）在前人研究的基础上，对自然话语中韵律组块、音高曲线的表现以及时长和重音作了分析。他发现载义重度高的成分音高位置通常比较高，载义重度低的成分音高位置比较低，这反映了语音和语义的"象似关系"。论文讨论了"音高下倾"，他认为下倾体现了一种标界功能。同时他还考察下倾和语句功能的关系，发现无论是陈述句还是疑问句，无论是高线还是低线，都有80%以上的小句呈现出下倾趋势，而且在大多数情况下，音高由前往后是渐降的。高线上升，是焦点居后造成的，低线上升，是受到了音节本调的影响。

吴为善（2003）总结了汉语节律的自然特征：汉语音步以双音节为常式，三音节为辅助形式，单音节可以说是一种"条件变体"。同时，汉语不同长度音步可以排列组合，双数音节段组合"外松内紧"，单数音节和双数音节段组合"前松后紧"。他还发现，汉语没有固定的重音和长短音，音节的轻重、长短有一定的弹性和任意性，韵律要素依赖于声调，重读音节的声调特征表现为音域加宽，调形完整，从自然倾向来看重音位置在后面。

熊子瑜（2003）考察了朗读语料中不同层级的韵律单元在语流中的边界特征，他认为无声停顿的长短和末尾音节的韵母时长在很大程度上取决于它所在的韵律单元的层级。韵律词末尾不会出现可以感知到的无声停顿，其他层级韵律单元末尾会有一定长度的无声停顿，随着韵律单元的层级提高，其后无声停顿的时间就会越长；韵律单元起首音节韵母的时长不受韵律层级的影响，而韵律单元末尾音节韵母的时长则明显受到韵律层级的影响。

Gu W., Hirose K., Fujisaki H.（2006）通过使用一个生成F0轮廓的声学模型，从生成的角度来研究普通话口语的韵律层级的划分，他们发现基于感知的韵律标注系统不能像F0等高线生成模型那样准确地描述韵律结构。

马宁等人（2014）在藏语单句的层面上，确定了藏语韵律词和韵律短语的基本大小，韵律词为4±2个音节，韵律短语为6±3个音节；藏语韵律单元的总体时长分布差异较大，但不同韵律单元的时长伸缩幅度差异较小。藏语韵律单元的时长分布类型以尾长型为主；韵律单元边界处普遍具有边界前音节延长，边界后音节缩短现象的特征。

范晓婷（2014）运用了平均值和单因素方差分析的方法，在连续语流中对维吾尔语边界前音段延长的研究发现：维吾尔语边界前音段延长受韵律层级的影响，表现为韵律短语边界前元音延长、语调短语边界前首辅音延长以及段落边界前尾辅音延长。而韵律层级对首辅音和尾辅音的时长影响都较小，说明韵律层级对辅音音段影响较小，与汉语普通话中的结论一致。

2. 对音节韵律表现的研究

关于话语韵律结构与韵律单元内各音节（或音素）的关系，国外学者很早就开展了研究，并取得了一定的成果，尤其是在英语方面的相关研究，如 Oller（1973）的研究发现英语单词词首的辅音长度比词中的辅音更长；Wightman 等人（1992）发现短语末尾音节的时长通常被延长；Beckman（1992）发现高层韵律单元末尾的时长被延长的现象在其他语言中大都存在，而且韵律单元起始位置对时长的影响可能会随着语言类型的不同而发生变化。

早期国内对音节的韵律表现的研究主要集中在轻重音上面，20 世纪 90 年代对于韵律的声学研究多集中于二字、三字和四字组的连调模式上，例如扎多延柯（1958）通过对汉语的弱读音节和轻声进行研究，发现"重轻"式的音长大体等于"中重"式的一半；轻声音节的声母比重读时基本缩短了一半，韵母不管原来多长，都大致缩短在 5～8 个时间单位（1/40 秒）之间。同时他还发现了不送气的塞音和塞擦音弱化后变浊，轻声音节的韵母发音时声带振动周期不清晰，复韵母的每个音素之间的语音界限消失。林茂灿等人（1984）对两位发音人的十六种声调组合的二字组进行声学分析，发现在北京话二字组中，正常重音在声学上的表现是某个字音有较长的长度和较完整的音高模式。林茂灿、颜景助在《普通话轻声与轻重音》中，对二字组和三字组的实验作了小结：在各字组中，各个字音除保持原有声调和变调 F0 曲线的基本特性之外，字音 F0 音域逐渐下降，末字音域下限下降尤为明显，而且它有较完整的 F0 模式，时长较长。杨顺安（1992）在此基础上，以四种声调的某个音节为对象，将其放在单音节、双音节组、三音节组和四音节组的各种位置上，发现音节时长上存在"音节数效应""组首音节声母伸长效应"和"组末音节韵母伸缩效应"，认为音节的调域与所处位置和调型相关。叶军（1996）研究了普通话停顿时的声学特征，发现停延段的大小一般在 3 到 11 个音节、平均 4 到 5 个音节，在停延段开始处多有明显的高音线陡升，音域由此而放大，而后的各个音步高音线依次渐降，音域由此而缩小。杨玉芳（1997）分析了普通话朗读语句中不同等级的句法边界与附近音节的韵律学参数和边界处停顿时长之间的关系，她发现在时域方面，边界前音节时长随边界等级的变化是双向的，在短语边界处达到最大。而在频域方面，边界前音节基频均值随边界等级提高而下降，音域逐渐收缩。

　　20 世纪 90 年代后期，对音节韵律表现的研究开始转变为集中在研究停延、音步的音域展敛模式上。在这类研究中，一个停延段通常被称为"韵律短语""节拍群""节奏群""呼吸群"等。比如林茂灿（2000）提出使用普通话的人运用两种策略以产生语句中可以感觉到的间断，一种间断就是通常所说的停顿即无声波停顿引起的，称为"无声波间断"，另外一种是有声波间断所引起的间断，称作"有声波间断"。他发现有声波间断的前音节时长都是拉长而后音节时长都是缩短的，既可发生大间断，也可发生小间断。同时，区分有声波的大小间断不是靠边界前后音节的时长及 F0 跃变，而主要是靠 F0 范围大小的不同。无声波间断由停顿引起，其前面大部分音节是拉长的，当然还有 F0 跃变。音节拉长意味着这个音节说得慢；停顿之前有了"慢"的征兆，是停顿的"过渡"表现。而有声波间断不是由停顿引起的，其间断的前后音节之间必然存在共振峰过渡和基频 F0 过渡。梅晓、熊子瑜（2010）对于普通话韵律结构对声韵母时长的影响进行了分析，他们发现，语流中的声母时长与声母类型之间的相关性较强，而与韵律边界的相关性较弱。声母时长不具有随着韵律边界等级的提高而显著延长的倾向性，而语流中的韵母时长与音节的右韵律边界类型之间的相关性较为密切。

　　3. 对韵律词的研究

　　我们在整理材料的过程中发现，对于韵律词的研究较多集中在韵律词的界定方面，如国外的 Nespor 和 Vogel（2007）就认为音系词（即韵律词）是韵律层级中建立在充分运用非音系概念的影射规则基础上的最小构成成分。在国内，王洪君（1999）从音系学的角度出发，把韵律词定义为"语法上凝固的、节律上稳定的单音步和凝固的复二步"，她还明确定义了韵律短语以及介于韵律词和韵律短语之间的"韵律类词"，韵律短语是"语法上等立或组合的，节律上内部较松散的、等重或右重的可能多音步"，韵律类词指的是"语法上黏合的、节律上内紧外松的、左重的可能多音步"。她的定义标准可以分为语法和语音两个方面，语法上的标准与音步、停延段界动态划分的语法限制相同，是黏合（韵律词、韵律类词）与组合/等立结构（韵律短语）的对立，而节律上强调音步的多少或是否稳定以及是否存在左重或右重的影响。冯胜利（1997）则从韵律句法学的角度出发，把韵律词定义为最小的能自由运用的语言单位，并指出韵律词必须至少有一个音步构成。林茂灿（2001）运用声学研究的方法，将韵律词分为简单韵律词、复杂韵律词和复合韵律词，认为它是一个 F0 变化组，F0 跃变是它的主要边界特征。他还基于韵律结构提出了三个层次的 F0 高线和低线，认为 F0 音域（F0 高线和低线之间的距离）和 F0 高线位置与重音相关，在韵律短语以及语句中，F0 的位置越高和 F0 音域越大的音节或音节组，能够给人带来更加明显的感受，但上声重音时的 F0 位置低。

　　国内关于韵律词的声学研究主要是对在自由语流中的双音节、三音节及四音节的韵律表现进行探讨，比如郑玉玲、鲍怀翘（2001）在对蒙古语单音节词、双音节词进行研究的基础上，重点考察三音节词的重音位置及其与声学参数的关系，发现蒙古语词重音属于"习惯重音"，不具有"分界功能"和区别意义的功能，但与组成多音节词的机构类型密切相关。在蒙古语三音节词中，根据第一音节元音的性质（长短），音高变化的模式有着明显的差异，短元音起始的三音节词，第二音节音高的突然跃升是被感知为重音的依据。

王韫佳等人（2003）研究了连续话语中双音节韵律词的重音感知，并与孤立语中双音节韵律词的重音分布进行了对比，发现语句中韵律词的重音分布与其韵律词所在的韵律边界有很大关系。在非停顿前，听为前重的词大大多于听为后重的词；在停顿前，听为后重的词略多于听为前重的词。同时他们还发现音节调型对重音感知有显著影响，当前字为阴平和去声时，前字听成重音的可能性较大；当后字为阴平时，后字听成重音的可能性较大。

邓丹等人（2004）对自然语料中包含去声和轻声音节的双音节韵律词的音高、音长进行了系统的研究。研究结果表明，边界类型对处于双音节词前音节位置的去声音节的影响不明显，对处于后音节位置的去声音节的影响则较为显著。同时他们还发现，语流中的去声与轻声存在一定程度的趋同倾向，阳平后的轻声容易发生"去声化"，去声后的去声容易发生"轻声化"。

邓丹、石锋、吕士楠（2007）对普通话四音节韵律词在实际语流中的时长表现进行了研究，主要考察了停延边界、组合结构和句法结构对普通话四音节词中各音节时长的影响。结果表明，停延边界主要对四音节词中第四音节的时长产生影响；组合结构主要对第二、三音节的时长分布产生影响；句法结构的不同主要影响第二音节的时长，第二音节时长的变化体现了不同句法结构内部结合的紧密程度。他们又在2008年的论文中对普通话双音节韵律词在实际语流中的音高表现进行了研究，考察了韵律短语位置、停延边界和相邻声调对音高的影响。发现音高主要受到在韵律短语中所处位置和相邻声调的影响，其中韵律短语位置主要影响各声调的整体音高，从韵律短语首到韵律短语末各音节的音高均呈下降趋势，而相邻声调则主要影响邻接声调的调头和调尾。2009年，他们又讨论了普通话韵律词内部音高下倾的具体表现，发现随着韵律词音节数目的增加，韵律词内部的音高下倾度也逐渐增大，音高下线的下倾度明显大于音高上线的下倾度。上线的下倾度主要出现在韵律短语中和末的位置，韵律短语首位置的下倾度较小。而下线的下倾则主要出现在韵律短语首末位置。中间的下倾度较小。

钱杨（2013）对不同结构单音节、双音节和三音节韵律词在自然语流中的时长分布进行了对比分析，通过对比单、双、三音节韵律词总时长，发现韵律词的总时长与音节的个数关系不大，而与语义紧密度和情感关系较大。

郭中子（2014）对汉语普通话自然独白话语的两音节韵律词的不同重音类型（前重和后重）的音高和时长特征进行研究，发现两音节韵律词的词重音类型以前重类型居多。声调起点音高的类型、停顿和音高重设现象在重音的感知听辨中很重要。他在 2016 年的论文中对汉语普通话自然话语三音节韵律词的时长分布特征进行了分析研究。研究发现韵律词内前字和末字的时长易受到结构性位置因素影响，而中字时长比较稳定；韵律词内音节时长特征与停延和音高重设关系密切。他还发现自然话语中韵律词音节时长特征与朗读话语中音节时长特征的不同点。

4. 对韵律短语的研究

韵律短语的概念一般是与语法成分短语相对应的概念，Wightman C. W. 等人（1992）认为两者的区别在于：语法短语是语法分析的结果，而韵律短语则是根据听感实验得到的语音学层次。Krivokapic J.（2007）研究了韵律结构和短语长度对停顿时间的影响，发现短语长度和韵律结构都影响停顿时间，还提出边界前效应是由语言结构和信息负荷两种因素造成的。

关于韵律短语的声学研究不是很多，主要集中在对普通话或蒙古语的韵律特征的研究上，如仲晓波、郑波、杨玉芳（2002）证明了汉语普通话中存在韵律短语重音，而且这个短语重音落在短语的语义焦点所在词上，并认为词的重读音节时长的延长是短语重音的一个重要声学表现，而短语重音很难通过听者的知觉辨别结果表现出来。倪崇嘉、刘文举、徐波（2009）对汉语韵律短语的时长和音高进行了研究，发现韵律短语边界对音节时长有明显的延长作用，不同声调对音节的时长延长作用不同，并且不同的重音级别对音节时长的延长作用也不同。韵律短语边界处中断的时长在较小的韵律边界表现得更为明显。韵律短语的边界处发生了明显的音高重置现象，韵律短语的音高低线总是下降的，而音高高线只是在重音后下降，并且重音处的音域大而且音高高线的位置高。敖敏、熊子瑜、白音门德（2014）认为需要把蒙古语的韵律短语进一步区分为韵律大短语和韵律小短语。同时他们发现，在两个韵律大短语之间，通常能观察到显著的音高重置现象。

5. 对语调组韵律表现的研究

赵元任最早对汉语的语调进行系统分析，他（1933）认为汉语的语调实际上是词的固有的字调和语调本身的代数和，他将汉语语调和字调描述为同时叠加的关系。其中，同时叠加的形式有：音高水平整个提高、音高水平整个降低、音高范围扩大、音高范围缩小。他还用"大波浪"和"小波浪"来形容语调与声调，大波浪在起伏，每一个浪上头仍旧可以有小波浪。

吴宗济（1982、1984）对汉语普通话双音节、三音节和四音节连读变调的规律进行了研究，他认为单字音节本身存在"字调"，短语在自然话语中连读，"字调"产生了"短语变调"，若干个"短语变调"又可以组成句子的"语调"。"字调"和"短语变调"是构成语调的基本单元，被他称作"底层调型"，它受到发音生理、言语声学以及个人言语习惯的影响；而"语调"则被称作"表层调型"，由于语句中的"逻辑重音"和"感情重音"受到语言环境以及说话人情感的影响，变化因素比较多，不容易建立规则。

沈炯（1992）认为语调是由一连串声调音域组织起来的音高调节形式，汉语的语调可分为调冠、调头、调核、调尾四个部分。他还提出了高音线和低音线的理论，认为汉语的节奏形式主要与音节时长组合和声调音域低音线调节有关。在陈述方式中，高音线下落的过程很快完成，低音线则起伏的幅度很大；而在疑问方式中的高音线下落是逐步完成的，低音线上敛，起伏变小。

石锋（1999）首次提出"语调格局"的概念，它是指语句调型曲线的起伏格式及其所表现的各词调域本身的宽窄和相互之间的位置关系，用来表现汉语语句的语调曲线的起伏变化。他研究了汉语语调格局在不同语速中的具体表现，结果发现调群、调域的宽窄以及语句调域中的相对位置具有分类意义。

曹剑芬（2002）认为语调是语句音高运动的模式，主要体现为音阶的总体走势及其波动形式。语流中的声调与语调并存，两者的关系是音阶叠加的"代数和"。

石锋、梁磊、王萍（2010）研究了普通话陈述句的停延表现，发现语句内韵律边界前确实存在延长，更大的韵律层级边界没有造成更明显的边界前延长，不同声调对于语句中的延长没有显著影响。

敖敏、熊子瑜、呼和（2012）讨论了蒙古语语句音高变化与韵律结构之间的关系，发现在蒙古语音调层面上存在着一个或多个相对独立、相对稳定和相对完整的音高变化模式，即音高曲拱。音高曲拱是韵律短语的音高表现形式，而韵律短语是音高曲拱的作用域，决定着音高曲拱的实现范围。

王蓓、吐尔逊·卡得、许毅（2013）研究了维吾尔语陈述句中焦点对音高和时长的调节作用，研究表明以句末焦点为基线，维吾尔语焦点的韵律编码方式类似于北京话和英语中的"三区段"调节模式，表现为焦点词音高升高、音域扩大和焦点后音高骤降（音域变窄）。同时还通过感知实验及语调分析得知，维吾尔语"中性焦点"语调特征与英语和汉语不同，它接近句首焦点而不是句末焦点。

陈玉东、任倩楠（2016）对191个带语气词"呢"的句子进行声学分析，发现"呢"本身的音高、时长在几种类型之间都没有显著差异，其音高特征主要依赖其前音节的声调类型；"呢"前两个音节的音高和音强特征呈现出不同类型之间的渐变性，时长差别不明显。

石锋、焦雪芬（2016）利用停延率和音量比这两个声学参量研究了汉语普通话命令句的语调特征，认为命令句是一种广义的焦点句，命令动作部分或否定词部分在时长和音量方面有凸显的表现，具体表现为时长发生音段延长，音量出现增加，成为全句的焦点重音。

阎锦婷、高晓天（2017）研究了普通话语调问句和"吗"字问句的不同韵律分布模式，发现语调问句和"吗"字问句总体韵律模式一致，与自然焦点陈述句显著不同；同时二者在局部细节上又有一定差别，这跟它们在形式和意义上的差异以及功能侧重的不同相互对应。

王李（2018）对50位广州人所讲的普通话从陈述句、无标记疑问句、强调焦点句三种句型进行分析，通过与普通话相对应的句型语调进行对比分析，发现无论是在陈述句、无标记疑问句还是强调焦点句中，广州普通话有明显倾向于延长单音动词的特点，而普通话在不同句型中单音动词表现不一，不存在这样的特点。

王萍、石锋、熊金津（2019）对汉语普通话"是"字焦点句进行实验分析，发现"是"字句的焦点重音主要是由焦点词和焦点之后的相邻词协同作用，焦点前的词作用较小。另外，标记词"是"对于其后的焦点重音具有显著的强化作用，进而使其位于更高的重音等级。

黄靖雯、石锋（2019）在字调域、词调域和句调域不同层级单元上，运用实验方法，从起伏度、停延率和音量比这三个方面，对北京话轻声陈述句和各轻声音节的音高、音长与音强三要素进行量化分析。结果证明，从正常重音到完全轻声有一个连续统，轻声的级别不同，在语流中的表现和在孤立单念时的表现不同，语流中的轻声更加丰富多彩。

黄靖雯（2019）研究了普通话句中焦点陈述句和句末焦点陈述句的韵律分布模式，发现陈述句两个位置的焦点调域显著扩展，时长明显延长，音强显著增强。焦点前和焦点后调域被压缩，音强相对减弱，焦点后成分时长缩短。

王萍、石锋（2019）对汉语普通话中不同语句类型（单句和复句）的时长表现进行分析和比较，归纳出时长分布模式。结果发现，相对于平均值，边界调（自然焦点陈述句）、焦点调（强调焦点句）、语用调（排比句）和语气调（功能语气句）的时长分布呈现阶梯状的增长。语气调内部，根据语气类别、语气强弱、情感色彩的不同，时长分布呈现高低的差异。通过对比语调变式和语调基式，分别得到了边界调、焦点调、语气调、语用调在时长上的分布边界和范围。

6. 对语篇韵律表现的研究

语篇是由若干个句子构成的完整的语言单位。相较于韵律词、韵律短语这类较小的韵律单元，语篇是由大尺度信息单元或者语段构成的层级结构。Hirschberg J. 和 Nakatani C. H.（1996）比较了语篇中起始、中间和结尾话语的韵律特征，发现话语起始语与中间语和末语在突出性和韵律性上都有所不同，话语中段和末段的发音可以通过主要是停顿的节奏特征来更清楚地区分。

Noordman L. 等人（1999）运用修辞结构理论分析语篇的层级结构对声学参数的影响，发现边界处无声段和小句基频最大值随层级的递减而递减。

Den Ouden H. 等人（2009）发现语篇特征的韵律实现不仅与句子在语篇中的结构位置有关，而且与句子的内容以及句子与语篇之间的内容关系有关。

孟晓红（2015）对上海话和普通话在朗读语篇时的基本韵律特征、呼吸特征以及韵律与呼吸的交互关系进行研究，她发现上海话与普通话在整个呼吸周期中的韵律句、语调短语与呼吸群关系最为密切；话轮转换处也存在出现呼吸群的可能，呼吸段出现的位置比较灵活，呼吸节大多出现在韵律短语、韵律词处；韵律单元会影响呼吸单元的变化。平均一个韵律句大致对应 1~2 个呼吸周期，一个语调短语大致对应 1 个呼吸周期，韵律短语、韵律词则会被涵盖在大呼吸周期内并对呼吸周期内小的呼吸起伏产生影响。

通过对语篇相关文献进行整合，我们发现，国内对语篇韵律层级的研究不多，主要集中于对其边界处的韵律表现进行研究，如王蓓等人（2005）研究了语篇中句子和段落等大尺度信息单元边界的韵律等级以及边界处的声学线索，提出语篇中有韵律意义的大尺度信息单元包括小句（对应语调短语）、句子（包括单句和复句）和段落。单句和复句边界没有知觉等级和声学特征上的显著区别，对应同一韵律单元。同时她还发现，大尺度韵律边界等级的音高线索是通过边界前后音节的音高对比实现的，即音高重置程度；段落和复句内的语调短语基本以平行的模式存在，没有明显的、规律性的整体语调下倾的现象。杨晓虹、杨玉芳（2009）的论文讨论了语篇修辞层级结构边界的韵律表现，发现小句边界处无声段和高音点重置是语篇修辞层级结构的主要声学线索。小句边界在语篇层级结构中的位置越高，边界处无声段越长，边界处高音点重置的值越大，但是语篇结构中小句边界处的无声段延长和高音点重置增大也是有限度的。

7. 小结和述评

以上我们总结了韵律与声学的各家研究，发现目前对于韵律与声学的普通话研究成果较为丰富和系统，且已形成一定的研究理论，这为我们研究粤语的韵律与声学提供必要的理论基础和研究方法。但同时我们还发现一些不足：首先，前人实验多关注实验句，对自然话语的研究不足，特别是在方言的自然话语的研究中；前人研究多使用"既定的"语音材料，例如孤立的单双音节词或句子，很少以语篇为背景进行韵律特征的研究。其次，前人研究多关注韵律单元内部的韵律特征，针对韵律短语以上的韵律单元及韵律单元之间的关系的研究不足；过去研究的对象多是较短的韵律单句，很少研究更大韵律单元之间关系的问题。迄今为止，以汉语方言的韵律结构为切入点探讨韵律的理论主张和假设的研究屈指可数，我们发现，目前很少有人能够就某种汉语方言的各个韵律层级进行全面系统深入的考察，对于具体方言的韵律层级和韵律单元的声学研究较少，针对各个韵律单元的声学上的界定仍比较模糊。

1.1.4.2 韵律的生理研究

关于韵律与生理之间的研究，也成为最近几年学术界研究的一个热点问题。随着生理仪器越来越多地被运用到韵律研究上来，从生理上探究韵律特征也受到了不少学者的重视。在此，我们对近些年国际国内关于韵律与生理的重要论文进行了梳理和总结，因研究对象的不同，我们将其分为呼吸与韵律、电子腭位与韵律两个方面。

1. 呼吸与韵律

Liberman（1967）曾提出过一个"呼吸群"（breath-group）理论，认为人们通过呼吸群来产生和感知语调。Slifka J.（2000）则描述了韵律边界处言语产生的呼吸约束，以及言语的呼吸系统的起始和终止，并为这些韵律边界确定相关的生理指标与声学线索。他认为呼吸停顿的时长和频率是由说话的语速与停顿的句法属性所决定的。没有呼吸的停顿也遵循同样的呼吸形式，但是往往比较短，而且主要倾向于发生在较小的停顿处；在慢速和常速的语速中，说话人会调节吸气来预先计划停顿的形式；而在快语速中，生理上的呼吸需求是决定停顿的唯一因素。郑秋豫（2005）构建了一个"阶层式多短语语流韵律"（HPG）系统，并且把"呼吸组"作为一级重要的韵律单位。她在 2008 年通过实验发现，说话人一般倾向于使用一口气来表达一个完整的语义，这个语段在生理上对应了一个呼吸段落，在语义上对应了一个完整的意义，而在韵律上则对应了一个韵律层级的单位，就是所谓的"呼吸组"（BG）。郑秋豫把呼吸作为划分韵律层级的一项重要指标。谭晶晶、孔江平、李永宏（2008）率先采用呼吸带传感器采集胸围或腹围的变化来研究汉语普通话语音的韵律特性，测量了发音人在朗读不同文体时呼吸节奏的变化，通过自动标注提取出呼吸重置的幅度和时长，并分析它们的频度分布，发现在朗读不同文体时，发音人的呼吸节奏有较明显的差别，朗读韵文和非韵文时，呼吸重置分别可以分成两级和三级。袁楚、李爱军（2007）主要通过对朗读语料、对话语料及相对应的合成语料中包含非正常停顿段进行了统计分析和比较，研究口语中的非正常停顿现象，包括其在口语语篇中的分布位置，以及其对前后韵律短语声学特征的影响。在口语中，非正常停顿现象一般出现在韵律词边界上，有极少数的情况出现在韵律词内部，出现这种情况一般是由于非正常的说话状态。Shi 等人（2010）的研究发现，话语的呼吸节律与自然呼吸的节律不同，呼气和吸气曲线的各参数均与韵律单位等级有着密切的关系。根据呼吸斜率的不同，话语呼吸曲线均可分为陡、缓、平三种类型，它们或对应为不同的韵律等级，或负载着不同的语义特征，说明话语呼吸的升降变化是人们在说话时话语结构、话语意义以及情感表达的伴随现象，反映了说话人对不同级别韵律单位的理解和处理过程。张锦玉（2010）研究发现语篇朗读时的停延起伏线呈现出不规整的现象，但各级韵律层级边界处的停顿和边界前末音节的延连则有规律可循，停延率也随着韵律边界等级的不同而不同；语篇朗读时的呼吸参数在不同韵律层级下存在显著差异，且与相应位置的停延呈现出较高的相关性，说明停延和呼吸均受韵律等级的制约，二者呈现出交错对应的关系。张锦玉、石锋、白学军（2011）在考察讲述状态下的呼吸曲线后认为，不同呼吸单位对应的韵律单位也是不同的，呼吸群大致对应于话语层级，呼吸段大致对应于语调短语层级，它们是讲述状态下呼吸的主要形式，呼吸节在讲述状态下出现得较少，它们多数对应于较大的韵律短语。在讲述状态下，不同韵律层级的特点与朗读时相应层级的特点是不同的。在吸气段上具体表现为与朗读状态相比，讲述时各级韵律单位前吸气时间有所增加，同时吸气幅度有显著的下降，吸气时间和幅度都随着韵律等级的提高而增大。在讲述状态下，吸气斜率随着韵律等级的提高而增大。在呼气段上，讲述时的呼气时间和幅度都随着韵律等级的提高而增大，各级韵律单位的呼气时长都长于朗读时相应的时长，且在话语和语调短语层级上差异显著。讲述状态下，平均呼气斜率的绝对值随着韵律等级的提高而增大。张锦玉（2011）发现在平静呼吸时，单位时间的频率较固定，吸气相和呼气相在时间、幅度、斜率的数值上比较接近，因此呼吸曲线趋近于正弦曲线。在言语呼吸中，朗读呼吸的规律性最强，与韵律层级的关系最紧密，受韵律、语法、语义的影响最明显，被试个体间差异最小；自述呼吸的随意性最强，与韵律层级的关系最疏远，受生理条件、认知加工、语境思维的影响最明显，被试个体间差异很大；复述呼吸则介于朗读和自述呼吸之间。而在歌唱状态下，呼吸主要受节拍、旋律影响，同一首歌内的相同节拍及乐谱重复的旋律群在呼吸参数、形式和曲线形状上都比较固定，规律性较强，与言语呼吸存在明显差异。这些都可以为粤语的呼吸韵律研究提供一定的参考价值。张金爽（2012）对呼吸和韵律的关系的研究发现，韵律单元前静音段时长小于吸气时长，韵律短语前时长差比句子前小且稳定性好。呼吸周期包含的韵律单元级别越高，韵律单元数量越稳定，有时专有名词和虚词会使呼吸周期包含的音节数较多；呼吸周期中包含韵律单元越小，呼气参数和韵律单元数量相关性越强；这种用呼吸形态对呼吸进行分类的方法，与北京大学谭晶晶按幅度分布进行分类和南开大学张锦玉用呼吸度进行分类的方法不同。王毓钧、贾媛、李爱军（2015）通过生理实验和语音实验相结合的方法，揭示在朗读、复述和自述三种言语任务下，生理呼吸与韵律切分的对应关系，比较汉语母语者和汉语学习者所表现出的不同。他们发现朗读呼吸单位与韵律层级的关系最紧密；复述呼吸单位与韵律单位对应的规律性减弱，非正常停顿增多，自述呼吸的随意性最强，受多种因素的影响，与韵律层级的关系更加疏远。汉语母语者与汉语学习者在三种言语呼吸中表现出发展趋势相同，但具体表现形式呈现不同的特点。丁燕兵（2018）对西北花儿民歌的山野辽阔唱法、哭腔唱法和欢快唱法的呼吸韵律进行比较研究，发现花儿三种唱法呼吸的时长和幅度呈显著的正相关，三种唱法的呼吸的幅度平均值与呼气幅度平均值相似，呼气斜率和吸气斜率也相近。

由上面的研究成果我们可以看到，尽管言语呼吸有着许多共同的特点，但是不同言语任务下的呼吸特征会有各自的特点，同时不同任务下的言语呼吸与韵律关系也会不同。因此，对于不同言语任务下的呼吸和韵律的关系的考察也成为言语呼吸研究的重要方向之一，这同时也为我们提供了新方向，比如在语篇朗读以及自然话语中呼吸与韵律的关系是什么？在不同方言自然话语中的呼吸与韵律又有怎样的关系？运用声学手段无法解决的韵律层级的划分问题是否能够运用生理手段进行解决……这些都可以作为我们今后的研究方向。

2. 电子腭位与韵律

自从电子腭位仪（Electropalatography，EPG）问世以来，其因能够实时采集、显示语流的动态的腭位图，真实反映语流过程中舌腭接触的细节变化，所以被广泛应用于语音研究中，主要用于观察辅音的发音部位和发音方法以及语流中的协同发音现象。研究者通常按照发音人口腔形状制作电子假腭，根据发音时舌头与硬腭接触时的通电情况，在荧光屏上显示出舌腭的接触位置。

韵律与言语产生的时间组织方式密切相关。音段发音及音段间的协同发音不仅与发音动作的特征相关，同时还受到韵律因素的控制。韵律因素和协同发音关系的研究一般包括协同发音与语言节奏类型的关系、音段发音与韵律层级的关系以及语速对协同发音的影响。在研究方法上，声学研究一直占领主流，而自1962年Kuzmin首次使用EPG一词并开展相应的研究以来，EPG逐渐被大多数学者认可。Fougeron和Keating（1997）考察了鼻音/n/在音节、韵律词、韵律短语、语调短语及语句韵律边界的舌腭接触情况。他们发现，舌腭接触面积的变化随着韵律边界层级的提高而增大，认为韵律边界对音段产出有一定的控制作用，韵律层级越高，处于韵律边界的辅音发音限制条件就越强，辅音与周边音段发音动作的叠加程度降低，辅音的协同发音阻力增大。Ellis和Hardcastle（2002）运用EPG证实了英语发音中软腭音和齿龈音的语音连续现象。Engwall（2003）运用MRI、EMA、EPG来重建瑞士语音的三维舌体运动模型，通过EPG分析自然状态下的舌腭接触状态，发现能够校正MRI数据的限制，建立更为精确的舌体运动模型。McAuliffe等人（2003）运用EPG对英文中/t/、/l/、/s/的发音时间进行定量分析，发现个体间存在差异而每个个体则保持相对稳定，证实了发音时个体的舌腭接触的相对固定性。Shi等人（2005）采用EPG结合声学研究方法观察助词与实词的发音区别。Fletcher（2004）利用EPG研究英国南部地区英文发音的特殊性。

目前，国内正在开展对汉语普通话、藏语、蒙古语的动态腭位研究工作，并且取得了突破性进展，主要涉及对普通话、一些方言及少数民族语言的各种发声类型的辅音在腭位上的不同表现以及发音时舌腭接触状况的研究。关于普通话的腭位研究，主要集中于辅音特性、元音对辅音腭位影响、协同发音成因、动态发音动作以及语速对音段的影响上面，比如郑玉玲、鲍怀翘（2002）研究了普通话中起辅音作用的/y/、/w/、/yu/与相应的元音在发音上（口腔开口度）的不同，发现/y/、/yu/的腭位面积增大，增大的位置在舌的中前部。/w/的腭位面积增大的位置靠舌根部，证实了半元音的发音特点是呈带有摩擦的辅音特性。哈斯其木格（2003）从腭位角度对普通话元音/i/进行研究，发现普通话元音/i/在目标值上不会受到前后辅音的腭位影响，发元音/i/时舌头抬得很高，舌腭接触面积较大；还发现元音/i/腭位对前面的辅音有较大影响，但对后面的辅音影响不大。陈嘉猷、鲍怀翘（2003）测量了汉语普通话塞音、塞擦音发音过程中的几个时间点，计算出前成阻段、后成阻段、成阻段、持阻段、GAP、VOT 时长、C2 时长，发现元音韵后的 C2 比鼻韵后的 C2 长，C2 的后成阻段为负值的时候，前一音节的韵母一定有一个鼻韵尾；塞音比塞擦音、不送气音比送气音需要更长时间储蓄口内气压的能量。郑玉玲、鲍怀翘（2003）分析了普通话鼻韵尾/－n/、/－ng/与后续辅音的关系及/－N1C2/协同发音现象的成因，发现/－N1C2/的时域特征是后续辅音的成阻和持阻都形成于鼻韵尾时段，即 N1C2 两个音素在时域上是非线性叠加的。李俭（2004）研究了普通话的辅音在不同元音语境下的协同发音变化，发现辅音的发音姿态并不是一成不变的，在 VCV 序列中，辅音和元音之间存在相互影响，发音姿态在时域上叠加。发现发音姿态的叠加取决于两个姿态在空间上的叠加程度以及发音姿态的混合强度。李英浩（2010）讨论了在单音节和双音节后字声母/s/的动态发音动作和频谱统计参数。发现前字韵母对擦音段动作的影响的程度和时间范围很小，擦音段主发音器官动作和舌页的耦合动作十分稳定。后字元音对擦音动作的影响主要体现在舌体动作和 sV 交界点附近舌尖动作的变化。他在 2013 年研究了普通话 V1n#C2V2 双音节中后续音节 C2 和 V2 对前鼻韵尾/n/以及 V1 的逆向协同发音影响，发现 C2 舌前音和舌面后塞音决定前鼻尾的发音部位和舌形姿态，一般不存在 V2 对 V1 的逆向影响。C2 为双唇音和舌尖中音条件下，存在 V2 对 V1n 的逆向影响。C2 为舌面后擦音和唇齿擦音时，前鼻尾发音部位一般不同化或部分同化。段燕华（2014）把汉语普通话辅音发音时的舌腭接触状况作为研究的对象，发现塞擦音发音时的成阻程度和舌位高度都比擦音强；塞音部分对擦音部分有影响，影响程度主要与发音部位相关，舌尖前音比舌尖后音的塞音部分对擦音部分的影响要大。李英浩、孔江平（2015）使用 EPG 分析了语速对普通话音段产生的影响，发现音段发音动作的绝对时差和动作重叠度与语速存在线性关系，音段生理/声学时长与语速也存在线性关系。

除了上面普通话研究对 EPG 的运用，在少数民族语言方面，EPG 的使用也极为广泛，目前的研究主要集中于辅音发音部位和发音方法以及语流音变、协同发音的影响上面，例如：包桂兰、哈斯其木格、呼和（2010）对蒙古语标准音的腭位辅音的发音部位进行系统研究，提出了蒙古语的辅音格局。胡红彦、哈斯其木格等人（2010）则分析了蒙古语边音 /l/ 的发音部位和发音方法，并对 /l/ 辅音的语流音变特性与其他音素之间的协同发音规律等做了研究。包桂兰（2010）在前人研究基础上，也对蒙古语（标准音）的清擦音的发音特征进行研究，并通过对它们的舌腭接触动态变化进行定量分析和对不同语境里的共振峰的表现进行比较，观察了语流里的协同发音特征。于洪志等人（2012）对藏语夏河话16 个单辅音后接特定元音 /a/ 腭位进行研究，发现塞音在前腭区有较多的舌腭接触，靠前性强，发音时完全阻塞趋中性也较强；擦音一般要比同部位的塞擦音的接触电极少；边音齿龈区的舌腭接触指数大，靠前性、趋中性强，靠后性比较弱；鼻音的各个参数值都比较大；颤音发音时舌面参与发音，舌腭接触电极较多，靠后性、趋中性也比较大。凯丽比努等人（2013）对维吾尔语标准语 13 个单辅音后接特定元音 /e/ 舌腭接触进行研究，结果发现塞音在前腭区有较多的舌腭接触，靠前性强，发音时完全阻塞趋中性也较强；擦音一般要比同部位的塞擦音的接触电极少；边音齿龈区的舌腭接触指数大，靠前性、趋中性强，靠后性比较弱；鼻音的各个参数值较大；颤音发音时舌面参与发音，舌腭接触电极较多，靠后性、趋中性较大。包桂兰（2014）对蒙古语（标准音）中辅音的发音特征进行研究，发现蒙古语辅音在词中不同位置有不同的舌位活动空间：词首辅音的舌位活动空间最小，而词末辅音的舌位活动空间最大，音位变体的分布最分散。罗宇（2017）对贵港蒙公乡壮语发音时后接元音对辅音的协同发音影响以及坪上区苗语辅音发音时的舌腭接触状况进行研究，发现不同声调会对发音时的舌腭接触产生不同的影响。辅音后接元音 /u/ 时是一种比较稳定的声韵组合状态，发音时的舌体位置比较稳定，受其他因素的影响较小。

而国内关于运用动态腭位仪进行韵律分析的研究不多，主要集中在分析焦点重音的影响上，例如张京花、李英浩（2015）研究朝鲜语韵律结构对韵律单元域首音段的影响。研究发现了韵律单元域的首辅音的发音生理和声学特征受到韵律结构层级性的影响，同时受到辅音发音方式和词中叠音音系规则的制约。元音起点阶段的嗓音特征与较大韵律边界的基频重设有关，域首音节中的韵母时长与韵律边界强度的关系不明显。李英浩、孔江平（2016）采用 EPG 分析了焦点重音对普通话音段产出和声学特征的影响。结果发现，焦点作用域内的辅音音段的发音动作产生发音增强的现象，表现为舌腭接触面积显著增大，生理持阻时长显著增长。窄焦点对辅音声门姿态也有影响，音节承载窄焦点的时候，声母持阻过程中声门相对紧张。焦点对声母辅音发音生理的影响受到韵律边界的制约，位于韵律词边界右侧的声母辅音易受到焦点重音的影响，这与域首发音增强有关。

我们通过上述研究可以发现，EPG 在语言学研究方面有着重要的价值，它不仅可记录口腔中的发音动作，揭示发音部位和发音方法，考察语流中的协同发音作用，还可以为语言教学、语音合成及语音识别等研究提供理论依据。但目前使用 EPG 研究涉及韵律研究的内容比较少，针对方言的韵律研究更是少之又少，所以这就为我们今后的研究提供了研究方向，让我们不断对粤语韵律进行更深入的研究。

1.1.4.3 韵律的心理研究

1. 韵律的感知研究

我们在整理韵律相关文献的过程中，发现在许多韵律的声学研究中，学者对于韵律层级的切分多是通过听感标记，或是在对具体韵律特征进行研究的时候会先让发音人进行听辨实验，提前做好实验准备。下文我们整理了国内韵律研究中使用了听感实验的文献，以期能够对韵律层级的划分及韵律特征的研究做较为整体的把握。

我们通过整理文献资料发现，根据感知实验目标的不同，学者对于韵律研究的感知实验可以分为以下四类：

（1）重音感知听辨实验。如颜景助、林茂灿（1988）对北京话三字组的 64 个声调组合进行了测试，他们先对全部语料进行了听辨实验，为的是确定发音人自行判别语料中三字组的词属于"中轻重"格式的数据量。郑玉玲和鲍怀翘（2001）在对蒙古语三音节模式进行分析时，在重音方面进行了听感实验，他们让听音人回答该词是前音节重、中间音节重或后音节重，还是三音节等重的问题。仲晓波、郑波、杨玉芳（2002）运用听感实验，要求被试比较材料中短语前后两个词的轻重，选择是否为前重、后重或者一样重，而且在实验前要求被试进行反复练习。王韫佳等人（2003）让 21 位听音人对所有韵律词进行重音判断，标记出听到的词重音处于哪一个音节上，用重音听感实验的方法研究连续话语中双音节词的重音感知特点。

（2）间断（停顿）感知听辨实验。如林茂灿（2000）在对普通话语句间断和语句韵律短语的分析中使用了两种听感实验，一种是让听音人在句表中区分大间断和小间断，另一种是让听音人确定间断是否存在。曹剑芬（2001）通过听辨测试，标注了不同等级的停顿，确定各个语句中的韵律切分，主要目的是运用听感的停顿切分法，划分韵律层级，找出各个韵律单元的特征。钱瑶、初敏、潘悟云（2001）根据感知实验得到了四种普通话韵律结构单元，并对它们边界处的声学特征进行分析。林茂灿（2001）进行的听感实验主要是用于切分韵律层级，他将 20 位中有 90% 的听音人所认为的那些紧密连在一起念的音节组定义为"复杂韵律词"，将 60% 的听音人认为是紧密连在一起念的音节组定义为"复合韵律词"。王茂林（2003）在对普通话自然话语的韵律模式研究时，运用听感实验对语料标注了不同层级的间断。熊子瑜（2003）在对普通话朗读语料的韵律边界特征进行研究时，根据听音人感受语流间断程度，切分和标注出了四级语流间断层，分别用数字"1、2、3、4"表示。王蓓、杨玉芳、吕士楠（2004）在对韵律层级结构边界处的声学进行分析时，使用了语流间断的知觉概念，让被试分三级判断每个音节后面的间断等级。他们将被试标注后的不同语料进行相关分析，发现存在显著相关。他们在2005年对语篇中韵律单元边界的声学特点的研究中也使用了听辨实验，即让25名被试在听语料的过程中在感知到的停顿处作五级标注。邓丹、石锋、吕士楠（2007）在对普通话四音节韵律词的时长进行分析时运用了听感实验，主要是对语料的停顿等级进行划分。他们在之后对双音节和单音节韵律词进行研究时，也运用了相同的听感实验方法。敖敏、熊子瑜、呼和（2012）在对蒙古语标准话朗读话语韵律短语研究时，对语料的音节边界、词边界和韵律短语的边界研究使用了听感实验的方法进行切分，他们判断韵律短语边界位置的原则是：①句末位置；②句中表示停顿的标点符号的位置；③较大无声停顿位置；④尽管没有较大无声停顿，但仍可以感知到明显语音间断的位置。除此之外，他们还依照听感标注了语义和句法信息。马宁等人（2014）在对藏语韵律词和韵律短语的时长特征进行研究的时候，对韵律层级的划分和标注进行了听感实验。

（3）基频影响听辨实验。如蔡莲红等人（2001）的感知实验则是选定语句中某个音节，在保持其他声学不变的条件下，按照一定比例改变该音节的基频值，让听音人感受修改音节基频所带来的轻重变化的程度；按照同样的方法，他们还在保持其他参数不变的条件下，改变调域的宽度，让听音人感受轻重的变化。

（4）言语功能听辨实验。熊子瑜、林茂灿（2005）采用听辨实验的方法验证自然语句中是否存在韵律分界、话轮提示和言语行为功能。

我们在对韵律研究的感知听辨实验进行分类和梳理的过程中发现，绝大多数学者基于语料中间断（停顿）的大小来进行韵律层级的划分，从中我们试图思考这样一些问题：韵律层级按照间断或停顿的大小进行划分是否可靠？语音时长这个概念究竟应当如何界定？由于在韵律边界处存在语音的延宕，特别是在自然语流中，这种情况更加明显。如若仅凭停顿感知划分，而忽视延宕的影响，可能会使得韵律层级划分不够准确。而且在粤语中，由于入声字的存在，如果仅以停顿作为韵律边界切分依据，就更加无法准确分辨出韵律短语和韵律词的界限。我们发现针对韵律层级的切分，在声学研究中基本上是依赖感知的，那么是否存在一种不依靠人为感知的、能够科学地对韵律层级进行切分的方法？这些问题都值得我们在未来研究中作更进一步的挖掘。

2. 韵律的神经机制

近些年来，随着功能神经成像技术的出现，如正电子发射型计算机断层显像（PET）、脑血流灌注显像（rCBF）、功能性磁共振成像（fMRI）和事件相关电位（ERP）等，韵律的作用受到了语音工程、语言学、认知心理学等领域的重视，韵律研究在语篇理解和韵律产生的脑机制两方面都取得了重要成果。这些研究成果多是采用即时加工的研究方法，从信息加工的角度进行研究。

韵律既包括言语信息，同时还具有情感意义。所以从功能上对韵律进行划分，可以分为情感韵律（Affective Prosody，简称 AP）和言语韵律（Linguistic Prosody，简称 LP），对于韵律神经机制的研究大体可以分为言语韵律与情感韵律加工机制两大类。本书重点研究的方向是言语韵律，所以接下来，我们将围绕国内外关于韵律的神经基础和言语韵律的加工机制的研究进行整理和评述。

（1）韵律的神经基础。

最早对韵律神经基础进行研究的是英国神经学家约翰·休林斯·杰克逊（John Hughlings Jackson），他在 19 世纪 70 年代末发现，即使是左侧大脑有大面积病变的重度失语症患者，仍然可以在连续地重复无意义的表达过程中，通过各种调节话语韵律的方式来传递大量的信息。他对当时的主流观点"语言是一种完全大脑左侧化的能力"提出了质疑，认为大脑右半球在调节言语韵律中发挥着至关重要的作用。至此，研究者对左右半球在感知韵律信息过程中所起的作用一直争论不休，不少学者纷纷列出实验，做出假设，比如：①右半球假说。研究者 Klouda G. 和 Robin D.（1988）认为，韵律的所有方面均在人脑的右半球进行加工。②功能单侧化假说。Van Lancker D.（1980）认为情感韵律是右半球负责加工，言语韵律的神经加工是左半球负责的，而且言语韵律神经加工的脑机制还因其在韵律层级所处的位置的不同而不同。③皮下组织假说。Cancelliere A. E. 和 Kertesz A.（1990）则认为韵律和知觉是皮下组织产生的，并不是由左脑或右脑半球产生的。④声学线索假说。Lancker D. V. 和 Sidtis J. J.（1992）在研究中发现，大脑半球对韵律加工的单侧化是基于声学线索的变化，他们认为右半球主要负责加工频率信息，而左半球负责加工时长信息。

上文关于韵律加工的神经机制的大脑偏侧化的几类假说，虽然存在许多分歧和争议，但从本质上来说，并不是互相排斥的。从前人的研究结果发现，大多数学者均认同右半球在短语和句子层次上感知韵律单元的作用，以及左半球在处理语言加工中的作用。事实上确实如此，韵律的加工是需要左右两个半球共同参与和相互作用的，而且听觉刺激的功能特性和声学结构是言语感知神经加工过程中的两个重要因素，是必不可缺的。

（2）言语韵律的加工机制。

人们对于言语韵律的理解对研究言语韵律起着至关重要的作用。言语韵律的加工过程已经有许多学者对其进行研究，虽然研究时间不长，但成果颇丰。下面我们就国内外研究现状展开评述。

Behrens（1988）对右半脑损伤被试和正常被试的词汇重音和句子重音进行了听觉和知觉分析，通过声学分析发现，右半脑损伤被试使用的词汇和重音线索比正常人少，但他们可以发出重音信号，Behrens 认为这是由知觉识别决定的。Behrens 在 1989 年对右脑损伤的被试进行陈述句和祈使句的相关实验，发现段落韵律和词级韵律可能由左半球控制，而对于句子的韵律，无论是句子韵律还是语言韵律，都可能需要两个半球的参与。Baum 等人（1997）在对大脑右半球和左半球损伤个体产生和感知短语边界的声学关联能力的研究中也证明了这一点。Koen 等人（1999）发现在言语交流过程中，延长词与词之间的停顿会影响在头皮前中部分布，在 200 毫秒达到峰值的负波，以及在 350～400 毫秒达到峰值的正波。他们认为这种结果可能与词汇的可预期性有关，当将要出现的词的可预期性较强时，不恰当的停顿会引起更大效应。

在国内，越来越多的学者开始关注汉语韵律与神经机制关系，研究主要涉及汉语的重音、语调、声调、韵律边界及韵律信息等方面。对于汉语的重音方面的研究，如李晓庆、杨玉芳（2005）设置了不一致性重读和无重读两种实验条件，运用 ERP 研究了在口语语篇的理解过程中，不一致性重读是否会促进它所标示的旧信息激活的问题。他们发现在口语理解中，被试可以很快把重读的意义与上文的语境进行匹配，从而影响重读词汇与先前语境的语义整合，并在新旧语义水平上去解释重读的意义。

在对韵律边界的加工过程的研究方面，Li 和 Yang（2009）利用 ERP 技术，通过在一组句子中相同位置设置不同类型韵律边界，讨论汉语句子中韵律层次边界的加工过程。他们在研究中发现，不仅语调短语能够诱发脑电成分终止正漂移（Closure Positive Shift，简称 CPS），韵律短语也可以诱发相同的 CPS，而且它的起始潜伏期较短；当完全去掉韵律边界附近的停顿时，发现这两者 CPS 并没有消失，这就说明停顿对韵律边界加工有一定的影响；而在韵律词边界上，只诱发了振幅波动。李卫君、杨玉芳（2010）研究了听者加工绝句中各句末语调短语边界的认知过程及其诱发的脑电效应。他们发现，在五言绝句内部各语调短语边界分别诱发了时间进程、头皮分布和波幅均相同的 CPS，发现语篇内部韵律边界加工不受其所处语篇位置的影响。同时他们还发现，句末语调短语边界诱发何种脑电效应与其承担的功能有关，既表示前面信息终止又预期后面信息出现的句末边界会诱发 CPS，而只表示信息终止的句末边界则会诱发 P3（P3 指的是一类复杂的 ERP 成分）。

在声调方面，杨玉芳（1991）使用了双耳分听方法，探究了左右耳在辅音特征和声调辨别上的优势问题。她的研究发现，右耳辅音识别率和辅音特征识别要高于左耳，两耳的声调识别率并不存在显著差异，两耳的声调知觉空间十分相似，两耳的辅音知觉空间维度及其主次关系一致。在语调研究方面，如王梦如（2019）使用 ERP 对疑问词的语调加工的脑机制及自动加工条件下与控制加工条件下的二声疑问词语调加工的脑机制进行了研究，她的研究发现，在被动的 Oddball 范式中，汉语二声疑问词语调在有语义的实验条件下加工诱发的 MMN 平均波幅显著小于在没有语义下引发的 MMN 的平均波幅，此外，她还发现在自动加工条件下，被试对于无语义的二声疑问词的语调加工会更加敏感。在韵律信息的研究方面，任桂琴等人（2011）采用 ERP 方法，探究了汉语语调早期自动加工过程，研究结果表示，句子音高条件在右半球顶叶的多个区域存在显著激活。这个结果为前面我们提到的"声学线索假说"提供了一定的实验证据。

除了对普通话的研究之外，还有研究者对粤语和藏语进行研究，如 Zhang C. 等人（2017）在 11 个粤语音乐组和 11 个音乐对照组中，研究了辅助处理粤语水平声调相对音高间隔的神经回路和音乐刺激。研究发现，粤语音乐在处理词汇音调和音乐刺激时，表现为广泛分布的神经网络中出现异常脑活动。当重复音高刺激时，音乐组右侧额中回和楔前叶的激活异常强烈，这可能反映了对重复音高刺激的注意或将其编码到工作记忆中的缺陷。杨柳新（2017）采用 ERP 的方法，探讨了藏语拉萨话在前注意阶段大脑对声调、语调、重音自动加工的神经机制。研究发现，在藏语拉萨话的前注意阶段中，声调加工表现出了大脑的左半球优势，在左半球颞上回显著激活，说明藏语拉萨话声调加工方式与汉语相同，可以从认知角度证明藏语拉萨话属于有声调语言；语调的加工表现出大脑右半球优势，在右半球的中央前回显著激活；重音加工表现出大脑右半球优势，在右半球的后扣带回显著激活。

可以看到，目前国内对韵律的心理学研究还处于初步发展阶段，认知神经科学能够为我们的研究打开一个新的窗口和视野，能够让我们未来对汉语这种声调语言进行更深入的研究。如何妥善运用汉语普通话和方言的相关实验材料，丰富我国的韵律心理研究，是一个十分重要且极具创新性的课题。

1.1.4.4 粤语的韵律研究

目前，学界对粤语韵律的研究主要集中于粤语单双音节及多音节的韵律特征、粤语语调、重音以及粤语的语音合成等方面。这里，我们对近些年国际国内关于粤语韵律研究的重要论文进行了梳理和总结。

Lee T. 等人（1999）主要研究了粤语语音合成中的韵律控制。论文中建立一套段落层级的时间规则和条件控制基频的文件，并把它放置在一个以音节为基础的连续语音合成器中，通过大量语音数据的统计特征来提取韵律特征。

Law K. M.，Lee T.，Lau W. H.（2001）的论文主要是对粤语文本到语音合成中所使用内音节和交叉音节声学单元的研究，使用了不同的策略来连接具有不同声学语音特性的语音段。

Luke K. K. 等人（2001）对香港粤语双音节词的时长、基频和音强等语音学特征进行研究，发现双音节词的三个韵律特征都与音节的声调及其在词中的位置有关。

Lee W. S. 等人（2002）在此基础上又研究了香港粤语中的双音节词和多音节词的韵律特征，他们发现涉及韵律的三个特征，时长、基频、强度也主要是由组成词的音节声调以及音节所在的位置决定。在音节数量相同且声调相同的情况下，词的韵尾音节的持续时间明显长于非韵尾音节，但词的最后一个音节的 F0 值和强度都较低。如果辅音是送气音或者擦音，那么它的时长在最初音节内部为最长，而响音的最短。

Man V. C. H.（2002）的文章主要论述了在粤语单音节中，句子的韵律标记焦点是如何影响基频的。结果表明，音高范围是声调焦点交互作用的结果。

Jia L. Y.（2003）认为基频曲线是局部声调曲线与整体的短语曲线的组合。论文采用了一种新的归一化方法进行分离。实验发现，粤语具有由左至右的控制模式。在声调协同发音的描述过程中，除了词层面的曲线，词边界和短语首个声调的曲线都是很重要的。大多数短语曲线都呈现下降趋势，并且这些曲线的具体模式与其在语句中的位置具有相关性。

Lee W. S.（2004）考察了九种引语声调在陈述句和疑问句中出现的测试音节的 F0 分布，发现陈述句中的引文语气与疑问句中的相同语气有显著差异。

Ma J. K. Y.，Ciocca V.，Whitehill T. L.（2004）讨论了语调模式对粤语词汇声调产生的影响，发现声调水平和声调轮廓都会受到语调的影响，疑问句最后一个音节的声调会受到语调的影响而变为上升声调轮廓。

Wong W. Y. P.，Chan M. K. M.，Beckman M. E.（2005）介绍了现代粤语的声调和停顿指数。实验发现粤语单词形式的单一和不严谨性；粤语具有非常密集的句法声调规范。另一个现象是，尽管粤语中存在音节融合，但是在音节和语调短语之间似乎没有韵律分组的中间级别的可靠分类标记，不像希腊语、韩语和吴方言。

Ma J K. Y.，Ciocca V.，Whitehill T. L.（2006）的研究使用定量方法来探究粤语中的语调模式。结果显示，疑问句中基频的提高主要与基线的频率变化相关，疑问句的最后一个音节末尾发生了的一个附加的正边界声调命令会导致疑问句的最末基频提高。他们还观察到声调命令在疑问句结束时有较长的停延时长。最终上升的幅度受到最后音节的声调的影响，声调调值为 25 和 21 的边界声调命令具有更高的基频幅度。

Chow I.（2006）的研究讨论了音节级韵律和韵律交界标记之间的相互作用。由于相对音高的高度和音节持续时间在粤语音节识别中起到了对比作用，韵律边界标记对音节水平韵律产生了潜在的干扰。研究分析表明，在粤语中，边界前延长的音节持续时间的变化太小，不足以引起音节误解。

Gu W.，Hirose K.，Fujisaki H.（2006）对粤语声调与语调的互动关系进行研究，研究发现，语调影响 F0 水平和轮廓，而粤语声调的时长在语调语境中随着位置的变化而变化，在疑问句的最后位置 F0 显示上升趋势；同时他们还发现疑问句与陈述句之间的差异是由疑问句末音节的全局 F0 增加和局部 F0 变化所构成的。

Gu W.，Lee T.（2007）通过一个涉及所有双音节声调对的控制实验，研究焦点对 F0 轮廓和口语粤语音节时长的影响。实验发现时长和 F0 的增加和扩展不仅出现在焦点下的音节，而且出现在其附近，同时还与上下文语境有关系。他们在同年的论文中，通过考察四种不同的语调组合（即转移/预期和同化/异化），研究了声调语境和强调焦点两个因素对粤语语音 F0 轮廓的影响，通过实验证明了焦点的影响比声调的影响范围更加广泛。

Gu W.，Hirose K.，Fujisaki H.（2007）提出了一种基于命令响应模型的扩展来建模粤语话语的 F0 轮廓的方法来研究粤语的声调。

Fox A. 等人（2008）通过对几组录音的听觉分析，初步提出了粤语的语调系统。研究认为系统分两大部分：句中语调和句末语调，并进行了系统的分析。他们在同年的论文中又考察了粤语疑问句中语调与语调的整体提升的语音特征，发现在粤语疑问句中，句子末尾的最终升调是一个重要特征，但没有发现整个句子存在显著的整体升调趋势。

Ma J. K. Y.，Ciocca V.，Whitehill T. L.（2011）的研究发现，最后一个音节的 F0 模式在粤语的疑问句识别中起着最重要的作用，语调和词汇声调的区别可以与不同的感知维度相关联，平均的 F0 音程在疑问句的感知和语调识别中都有作用，而最后音节的 F0 音程在疑问句识别中具有显著的预测作用。

韩维新（2013）的研究系统分层级地考察香港粤语陈述句、无标记疑问句和三种强调焦点句的起伏度、停延率在语调的音高和音长方面的量化表现。

Zhang L.（2014）通过三个主要的声学实验，系统研究了语音语调影响粤语在说话和唱歌中的词汇声调，研究发现说话和唱歌的语体的差异主要表现在音高斜率上，说话时语调存在下降趋势，而歌唱时的语调则趋于水平甚至略有上升的趋势；在对正常说话时不同句式的内部差异的研究中，她发现在没有 SFP 的语句中，话语的末音语调存在不同：在陈述句中，末音音节的音域明显较低，音高斜率略微下降；在疑问句中，最后一个音节保持音域不变，但轮廓呈急剧上升。对于使用 SFP 的语句，SFP 承担了话语最终语调的负担，结语语调可以看作一种无音段的音高浮动的 SFP，它被叠加在结语音节上。

姚慧（2015）的研究主要选取普通话人群和粤语人群日常生活中常见的三类态度语音（严肃庄重—诙谐调侃、礼貌恭敬—冷淡粗鲁、赞扬鼓励—批评贬低）为研究对象，主要研究发现：中性朗读语音上，粤语背景习得者语速偏慢，基频值偏低，基频域偏窄。在阳平调和上声调调型偏误明显，而阴平和去声调型习得较好；在严肃庄重—诙谐调侃类态度上，粤语人群中性与严肃以及诙谐语音几乎没有差异；在礼貌恭敬—冷淡粗鲁类态度上，粤语人群在礼貌类态度上与普通话人群特征较一致，表达得比较好；在赞扬鼓励—批评贬低类态度上，粤语人群赞扬鼓励基频最高，批评贬低基频最低，在时长上三个态度没有显著性差异。

笔者（2017）主要对粤语吟诵和朗读格律诗词的呼吸韵律之间的关系进行研究，发现语音韵律和呼吸韵律大部分情况下是一一对应的，但是有时候是不对应的，这在五言格律诗的粤语朗读中表现尤其明显。

以上我们总结了国内外对粤语韵律的一些研究成果，这些成果对韵律的几个重要特性和方面进行了细致的研究，为我们今后对粤语的呼吸韵律的研究提供了知识储备和理论保障。同时，我们也可以注意到，前人对粤语韵律的研究主要集中在韵律特性的研究及在此基础上进行的一些拓展，对于粤语的韵律层级以及各个层级的韵律单元的声学、生理和心理方面的研究不够系统，关于粤语韵律与呼吸之间关系的文章较少，这就为我们研究粤语的呼吸韵律指明了未来的方向，我们将从韵律层级出发，系统研究粤语各个层级上韵律单元的声学和生理上的韵律表现，并试图找出各个韵律单元在声学和生理层面的对应关系。

1.1.5　粤语吟诵和朗诵研究

传统吟诵是中国古代读古诗文的读书方法。叶嘉莹（2011）认为，这种读书方法是一种介于诵读与歌唱之间的汉语古典文学作品口头表现艺术方式。由此可见，吟诵这种口头表现方式，既不同于现代的朗诵，也不能等同于唱歌。这一部分我们将对粤语吟诵的相关研究成果进行整理和分析。

吕君忾（2009）对粤语吟诵的基本理论、历史渊源、吟诵方法及发展方向进行了全面介绍和探讨。在吟诵分类方面，他将吟诵分为两大类：第一类是天籁式，即在吟诵过程中不考虑平仄节律；第二类是传统式，即注重词组的完整性和作品的节点节律，具有较强的音乐性，接近当地民歌、山歌和戏曲。同时，他还对粤语吟诵的方法进行了介绍，他认为在进行粤语吟诵过程中，在平声字的位置应拉长时间，仄声字的位置应缩短时间，即"平长仄短"，韵脚位置进行拖腔；要注意以声定音而不是由音定声；在吟诵中使用平声定调法；吟诵词时，词的特殊组联句法要明确分辨领、读、句、韵。陈演（2014）以珠三角地区的粤语吟诵为例，对粤语吟诵的发声现状进行调研，通过与声乐教学的对比研究，探究粤语吟诵的自然发声方法，提出应对粤语吟诵的研究给予相应的重视。董就雄（2018）从师承、理论、吟诵特点、影响四方面探析广州分春馆词派的吟诵特色，填补了粤语吟诵研究中关于广州分春馆词派吟诵研究的空白。邓存娟（2020）在对吴川话语音分析基础之上，探究了吴川话吟诵的特征，并提出了传承和推广吴川传统吟诵的建议。赵芳珍（2020）以吴川话吟诵五七言格律诗为例，探讨传统吟诵如何通过声音的形式实现诗歌的情感意蕴表达，认为吟诵者应先体悟诗歌的情感，做到以情定声，将格律诗本身的节奏停顿、韵字、入声字等关键的要素圆融一体，同时再加入本地戏曲的拖腔与花腔元素，从而赋予诗歌情感意蕴。

除了对吟诵历史渊源和基本理论进行探究，不少学者根据粤语地区的特点针对粤语吟诵在教学中的推广策略进行探索。如赵毅（2019）以粤语吟诵在广州地区中小学推广的学情作为研究对象，探讨当今粤语吟诵在中小学推广的新出路，他提出粤语吟诵在广州地区中小学的推广要结合学校的生源做出差异化的选择，认为为中小学生"减负"能够给粤语吟诵的推广带来积极影响。邬志伟（2019）则以珠海高校古典诗词吟诵现状为例，提出粤语吟诵的发展策略：创新发展新吟唱，让吟诵进入高校课程体系；借助媒体优势，开展丰富的推广活动；利用书院模式，开办吟诵学堂；利用地域优势，建立粤语吟诵的传承与传播基地等。

关于粤语朗诵的学术成果不多，基本集中在粤语地区中小学古典诗词教学的研究，如冯倩仪（2011）结合中山地区的特点分析高中学生在朗读古典诗词的现状及影响，利用粤方言的特点促进粤方言古典诗词教学。刘海萍（2016）对粤语区朗读教学进行了调查研究，分析粤方言初中学生在朗读过程中出现的问题，并提出初中语文朗读教学策略。李娜（2022）从词汇、语法、语音出发，探讨粤方言辅助高中古诗文教学的策略，提出通过借助粤方言的声韵系统来感受古诗文的声韵美，并通过开展朗诵活动，体验古诗文朗诵之趣。

通过对粤语吟诵和朗诵的研究文献进行整理和分析，我们发现当前研究主要集中于基本理论和吟诵或朗诵教学方面，对于粤语吟诵和朗诵在语音学层面的分析比较少。故本书主要探究粤语格律诗词吟诵和朗诵的语音及呼吸韵律规律，希望能对粤语吟诵和朗诵教学提供一些帮助。

1.1.6 小结

通过对以上五个方面的文献进行整理和分类分析，我们可以比较全面地了解目前国内外与言语呼吸韵律有关的技术手段、内容构架、理论背景等方面的研究现状。不难看出其中的一些不足，譬如目前学界对于言语呼吸风格类型的研究多集中在艺术类和新闻播音类，对韵文类和口语类风格类型的研究成果比较少。又如在方法领域，多利用单一类型的数据来进行言语呼吸韵律方面的研究，且在数据处理方面较为烦琐。但各家对于不同言语任务下的呼吸和韵律关系研究为我们引出了新的研究方向。本书在前人研究的基础上，利用多模态语音的理论和方法，研究粤语格律诗词吟诵和朗诵的语音及呼吸韵律规律，希望能对格律诗词的韵律研究以及粤语吟诵的教学有所帮助。

1.2 实验设备与研究方法

1.2.1 实验目的

本书的实验主要运用呼吸信号和语音信号综合研究粤语吟诵和朗诵诗词的语音韵律特征和呼吸韵律特征，并揭示两者之间的区别和联系。同时了解不同的呼吸参数和语音参数跟韵律单位（如韵律句和韵律短语）及诗词本身的语法单位（词、短语、小句和句子）之间的对应关系。

1.2.2 研究手段及方法

本书主要采用实验语音学的研究方法，使用呼吸带传感器、麦克风、电子声门仪（EGG）、PowerLab、Chart7、Matlab、SPSS 等仪器和软件，采集并分析粤语在吟诵、朗读格律诗词时的胸腹呼吸信号、声带发声 EGG 信号、语音声学信号和视频图像信号等，使用暨南大学华文学院杨锋老师用 Matlab 编写程序所建立的言语呼吸韵律分析平台提取数据，然后将数据导出 Excel 表进行统计分析。

1.2.3 实验方法和步骤

1.2.3.1 语料的采集

本次实验选取不同文体的语料，包括五言、七言格律诗，宋词等古典诗词。语料的选择原则是优先选择发音人比较熟悉的篇目，其次考虑选择篇目的多样性。

1.2.3.2 发音人

发音人皆来自粤方言区，分别处于老年（60 岁以上）、中年（35～60 岁）两个年龄层，共 3 人。发音人身体比较健康，发音清晰，具有良好的吟诵风格和古典文化素养，粤语方言使用流畅。对选取的古诗词篇目每位发音人录制两遍，一遍为粤语朗读，一遍为粤语吟诵。由于熟悉传统粤语吟诵的人已是凤毛麟角，能够满足录制要求的则更少，因此挑选发音人有一定的难度。三位发音人的吟诵分别代表了粤语吟诵的三种不同类型：一位发音人的吟诵比较传统，一位发音人的吟诵在传统的基础上加入了一定的戏曲元素，还有一位发音人的吟诵接近吟唱。

诗词吟诵和朗读发音人具体信息如表 1 所示。

表 1 诗词吟诵和朗读发音人具体信息表

姓名拼音缩写	年龄层	出生地	是否有私塾教育背景	吟诵格律诗篇目数	吟诵词篇目数	朗读格律诗篇目数	朗读词篇目数
gyx	老年	广州	是	14	8	12	6
xwg	老年	广州	是	10	5	10	5
czr	中年	湛江	否	17	12	17	12

注：为保护发音人的隐私，以上姓名全部用拼音缩写代替。

1.2.3.3 采样

在本次实验中主要使用麦克风、调音台、电子声门仪、十六通道采集器、呼吸带传感器等仪器设备，分别录制语音信号、嗓音信号、胸腹呼吸信号，通过 PowerLab 十六通道采集器和 Chart7 软件采集的四通道语音文件，最后使用暨南大学华文学院杨锋老师（2014年在职）所编写的言语呼吸韵律分析平台进行分析，并提取参数。

（1）麦克风。

本次录音所使用的麦克风是 Sony 公司生产的 Sony Electret Condenser Microphone（驻极体电容传声器），此麦克风具有体积小、频率响应比较均匀、接近全指向性的优点。

（2）调音台。

调音台是德国 Behringer 公司生产的 XENYX502 型调音台，共有 5 声道，我们只使用第 1 声道，Sony 麦克风信号输入，BNC 接口输出，接入 PowerLab 十六通道采集器的第 1通道。

（3）电子声门仪。

实验中所使用的电子声门仪（Electroglottograph，EGG，又名喉头仪）用来采集嗓音信号，设备前置面板上依次是电极输入插孔、信号大小调节旋钮、电源开关，后置面板是电源输入插孔和信号输出接口。

（4）PowerLab 生物电采集器。

PowerLab 系统采用高速 USB 接口与计算机相连。PowerLab 主机有四通道、八通道、十六通道等几种型号，采样和实时计算速率高达 200kHz（总计 400kHz），PowerLab 系统的每一个通道都可以分别选择输入灵敏度、高通滤波、低通滤波和保真滤波、16 位精度、模拟输出，数字化的输入和输出连接功能，还可触发和控制外部设备，是用于生命科学领域的计算机化多导生理记录仪。本次实验所使用的是由澳大利亚 ADInstruments 公司生产的十六通道 PowerLab，可以记录、显示和分析生理信号。系统由软硬件组成，包含 PowerLab 记录主机和 Chart7 软件。

（5）呼吸带传感器。

本实验所使用的呼吸带传感器是澳大利亚 ADInstruments 公司所生产的 MLT1132 压电呼吸带传感器（MLT1132 Piezo Respiratory Belt Transducer），在实验中胸呼吸和腹呼吸信号通过两条呼吸带传感器和 PowerLab 十六通道采集器采录，呼吸带传感器与 PowerLab 连接，与 Chart7 软件配合使用采集信号，PowerLab 前置面板由 16 个 BNC 输入端口，输出端口是 USB 接口，输入至计算机。

呼吸带传感器利用的原理是测量人在呼吸时胸腔或腹腔周长的改变。呼吸带的核心是一个压电传感器，这个压电传感器能够用电压信号反映长度的线性改变。利用这个特性，我们可以用呼吸带传感器来测量呼吸时胸腔或腹腔周长的改变。一条呼吸带传感器由压电传感器、松紧带、电缆三个部分组成，本次实验是将两条呼吸带传感器分别绑在发音人的胸腹两个位置上（呼吸时胸或腹扩张至最大处），由压电来反映呼吸带长度的改变，从而获得胸腹两个位置的呼吸信号，对人或动物的呼吸运动波形以及个体健康无任何损伤。呼吸带具有便利、灵敏度较高的特点。通过 PowerLab 十六通道采集器和 Chart7 软件，将呼吸时的电压值变化反映在二维图谱上，横轴表示时间，纵轴表示振幅，振幅的变化对应呼吸的变化。呼吸曲线上升表示吸气，下降表示呼气。PowerLab 十六通道采集器的配套软件是 Chart7，采集 4 个通道的信号：第 1 通道是通过麦克风和调音台采集的语音信号；第 2 通道是通过使用电子声门仪采集的嗓音信号，第 3 通道是通过呼吸带传感器采集的胸呼吸信号，第 4 通道是通过呼吸带传感器采集的腹呼吸信号，采样频率为 20kHz（见图 1）。

1.2.3.4 采样过程

通过实地考察获得粤语语音、胸腹呼吸、EGG 信号，语音的采集使用 Sony Electret Condenser Microphone 采集语音信号；EGG 采集嗓音信号；调音台使用第 1 通道，Sony 麦克风信号输入，BNC 接口输出，接入 PowerLab 十六通道采集器第 1 通道。胸腹呼吸主要通过两条呼吸带传感器和 PowerLab 十六通道采集器采录，呼吸带传感器与 PowerLab 连接，与 Chart7 软件配合使用采集信号，PowerLab 前置面板由 16 个 BNC 输入端口，输出端口是 USB 接口，输入计算机。通过 PowerLab 十六通道采集器和 Chart7 软件，把由呼吸导致的电压值变化反映在二维图谱上。图谱上共 4 个通道：第 1 通道是通过麦克风和调音台采集的语音信号；第 2 通道是通过使用电子声门仪采集的嗓音信号，第 3 通道是通过呼吸带传感器采集的胸呼吸信号，第 4 通道是通过呼吸带传感器采集的腹呼吸信号，采样频率为 20kHz。

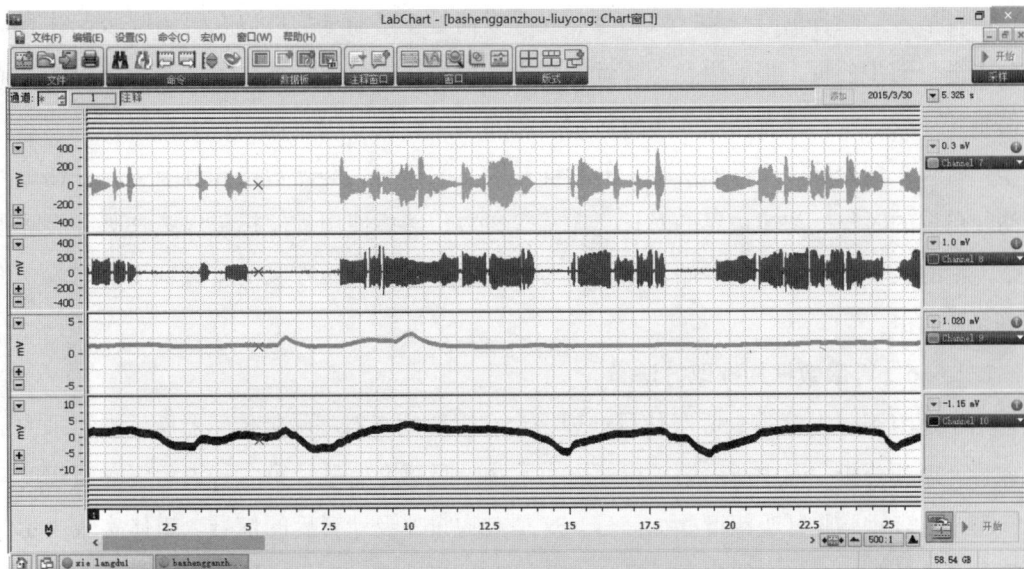

图 1　用 Chart7 采集的四通道信号

1.2.3.5　数据提取

通过 PowerLab 十六通道采集器和 Chart7 软件提取 ∗.adicht 格式的文件，然后转换为 ∗.wav 格式的语音文件，最后导入到由暨南大学华文学院杨锋老师用 Matlab 编写程序所建立的言语呼吸韵律分析平台中，如图 2 所示。

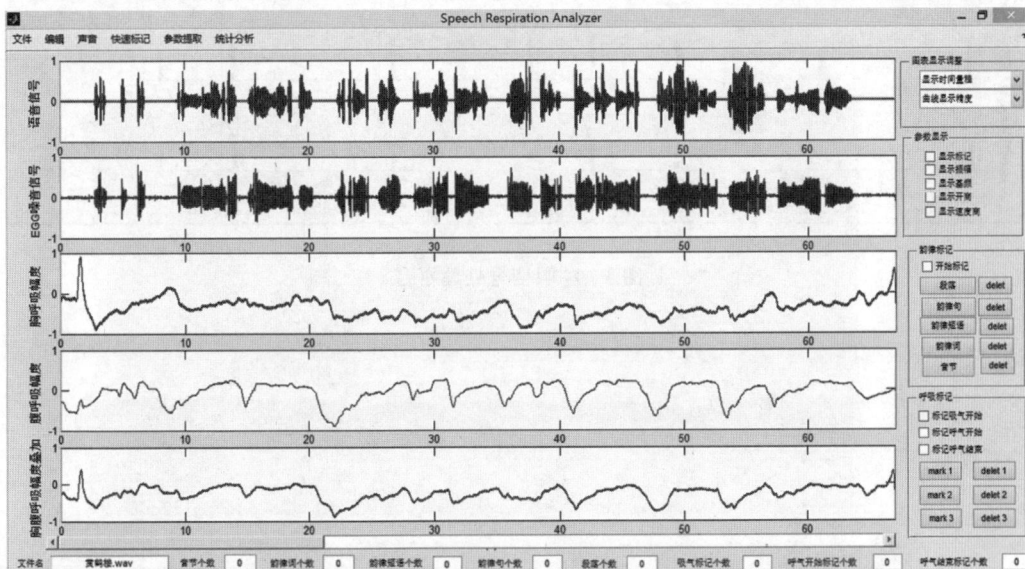

图 2　用 Matlab 编写的分析平台

　　语音信号、嗓音信号、胸呼吸信号、腹呼吸信号4路信号均可以在言语呼吸韵律分析平台上进行同步分析，提取语音、嗓音、呼吸三类信号的参数。这里我们主要研究的是语音信号和呼吸信号，嗓音信号先不做讨论。首先对语音信号进行标记，主要根据音节之间的停顿时长来划分韵律边界的层级，分为韵律段、韵律句、韵律短语和音节等；并输出各个韵律单位的时长、韵律边界的时长、振幅等参数；然后使用程序标记出胸呼吸和腹呼吸每个周期的吸气开始和呼气开始、结束的时间点，计算出胸腹呼吸的重置幅度、时长、斜率等参数数据。

1.2.3.6　呼吸数据的提取方法

　　图3是用 Matlab 运行的呼吸信号处理平台，主要用来对呼吸带传感器所反映出来的信号进行处理和分析。图中所示第一行通道表示胸呼吸幅度信号，第二行表示腹呼吸幅度信号，第三行表示胸腹呼吸幅度叠加信号，这是对胸腹呼吸计算后的信号。粗体实线表示的是吸气开始的时间，细实线表示的是呼气开始的时间，虚线表示呼气结束的时间。通过使用呼吸信号处理平台标记吸气开始时间、呼气开始时间、呼气结束时间的时间点，可以计算出胸腹呼吸的吸气相和呼气相的重置时长、幅度、斜率、面积等参数，然后输入至 Excel 表格中。

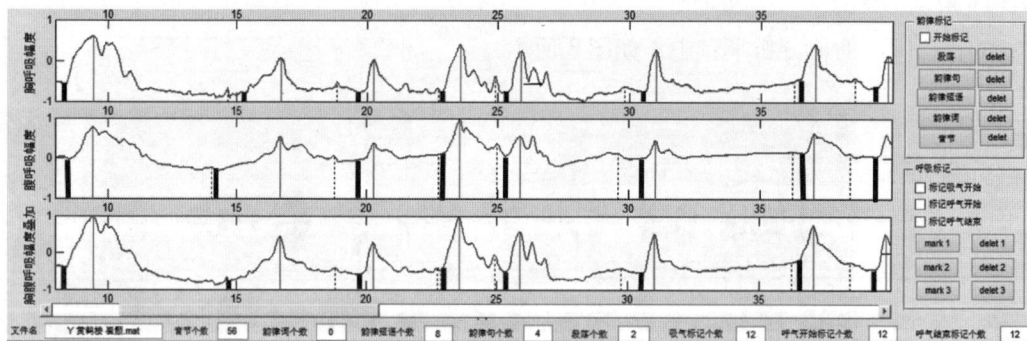

图3　呼吸信号处理平台

1.2.4 术语说明

1.2.4.1 声学及生理参数术语

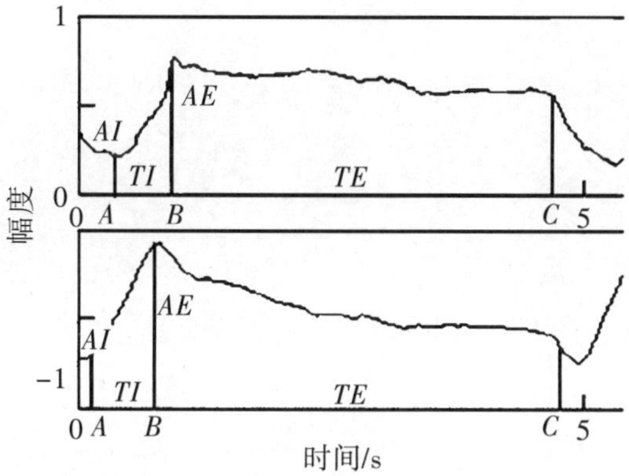

图 4 呼吸参数的定义（上端为胸呼吸信号，下端为腹呼吸信号）

（1）吸气相时长（$TI = B - A$）：吸气开始到吸气结束的时间。

（2）呼气相时长（$TE = C - B$）：呼气开始到呼气结束的时间。

（3）呼吸重置时长（TI）：指从吸气开始到呼气开始时所经过的时间，即吸气相时长。

（4）呼吸重置幅度（$A = AE - AI$）：指一次吸气过程中呼吸信号数值的变化幅度，等于一次呼吸中呼气重置幅度（AE）和吸气重置幅度（AI）的差值。可以根据呼吸重置幅度的大小划分出若干个等级的呼吸重置，如一级呼吸重置（简称 L1）、二级呼吸重置（简称 L2）、三级呼吸重置（简称 L3）等。

（5）呼吸抖动：信号在呼吸的过程中发生的细微的非重置性的抖动。

（6）吸气相斜率：吸气开始到吸气结束之间呼吸曲线的斜率。

（7）呼气相斜率：呼气开始到呼气结束之间呼吸曲线的斜率。

（8）语音停顿：音节间无声段的时长。语音停顿也可根据研究的需要分为若干个层级，如最大语音停顿、较大语音停顿、最小语音停顿等。

（9）语音停延：音节时长和音节后停顿时长的总和。语音停延也可根据研究的需要分为若干个层级，如最大语音停延、较大语音停延、最小语音停延等。

1.2.4.2 本书定义的语音及呼吸韵律术语

本书主要利用语音停延的大小来定义语音韵律层级中的语音韵律句和语音韵律短语：

（1）语音韵律句：边界处具有最大语音停延的语音单位。

（2）语音韵律短语：边界处具有较大语音停延的语音单位。

利用呼吸重置的等级来定义呼吸韵律层级中呼吸韵律句和呼吸韵律短语：

（1）呼吸韵律句：边界处具有一级呼吸重置的呼吸韵律单位。

（2）呼吸韵律短语：边界处具有二级呼吸重置的呼吸韵律单位。

2

格律诗的粤语吟诵的语音及呼吸韵律研究

　　本书以五七言格律诗粤语吟诵的呼吸韵律为主题，运用呼吸带传感器采集数据，以此对五七言格律诗粤语吟诵的呼吸韵律进行细致的研究，进而揭示粤语吟诵与韵律层级的关系。

　　吟诵是中国传统文化中人们对传统诗词的口头表达方式，它介于唱和读之间，是中国历代文人学子普遍采用的一种鉴赏古典文学作品的手段。我国的吟诵历史悠久，它作为一个词语使用很早就已出现，《庾开府集笺注》就提到"莫不吟诵在心，撰成于手"。赵元任（1994）给吟诵下了一个定义："中国的吟诵是大致根据字的声调来即兴的创一个曲调，而不是严格地照着声调来产生一个丝毫不变的曲调来。"陈炳铮（1998）认为吟诵定义有狭义和广义的分别：广义的吟诵包括"朗吟"，接近于唱，是似唱而非唱的"半念半吟"，注重节奏和声调，旋律性较差，接近于朗诵。狭义的吟诵则专指"吟唱"，不仅注重声调、节奏和旋律，更讲究腔调的优美，是一首语言与音乐完美结合的声乐作品。同时它还有抑扬顿挫的节奏。本书讨论的吟诵是广义上的传统吟诵，泛指用抑扬顿挫的声调有节奏地诵读古诗词文的方式。

　　吟诵的最基本要求是：①平长仄短。五言诗以四行为一组，若为平起诗，则第一、四行的第二个字拖长，第二、三行的第四个字拖长；若为仄起诗，则相反。七言诗歌以四行为一组，若为平起诗，则第一行和第四行的第二个和第六个字拖长，第二行和第三行的第四个字拖长；若为仄起诗，则相反。②韵脚拖腔。押韵的音节都需要拖长音节。

2.1 概 说

通过实地考察采集语音信号、EGG 嗓音信号、胸呼吸信号和腹呼吸信号之后，使用言语呼吸韵律分析平台进行分析，并提取出语音和呼吸两类信号的参数。首先对语音信号进行标记，主要根据音节时长和停顿时长相加得出的停延时长来划分韵律边界的层级，将语音信号分为语音韵律段、语音韵律句、语音韵律短语、音步和音节等，并输出各个韵律单位的时长、韵律边界的时长、振幅等参数。然后使用程序标记出胸呼吸和腹呼吸每个周期的吸气开始与呼气开始、结束的时间点，计算出胸腹呼吸的重置幅度、时长、斜率等参数数据。实验发现，音步层面的呼吸韵律规律不明显，现有数据无法提炼出关于音步呼吸韵律的有效信息，所以这里我们主要研究语音韵律短语及以上的韵律层级单位的划分等相关问题。

2.2 五言格律诗的粤语吟诵的语音和呼吸韵律研究

通过对语音信号和呼吸信号进行标记，我们得到粤语吟诵五言格律诗的语音和呼吸相关的数据。以五言格律诗《春望》为例，我们整体地对五言格律诗在吟诵时的基本规律进行观察。为了消除发音人因擅长使用的发音方式不同而产生的差异，我们主要使用胸腹呼吸的叠加信号来进行统计分析。如图 1 所示，《春望》可以划分为 8 个语音韵律句，五言格律诗的每一个小句基本对应一个语音韵律句，每个语音韵律句在第五字上存在最长停延，与呼吸信号上的最大呼吸重置相对应；每个语音韵律句又可以划分为 2 个语音韵律短语，语音韵律短语的停延规律因平仄的不同而表现出不同特点。在音步方面，我们发现语音和呼吸的对应规律不够明显，如"城春草木深"中"草木深"为一个语音韵律短语，可以划分为"草木"和"深"两个音步，但在呼吸信号中，我们只能看到在"草木深"这个语音韵律短语之前存在一个较大呼吸重置，而音步所对应的呼吸信号规律不明显。所以在研究五言格律诗吟诵时，我们重点研究语音韵律短语及以上的语音韵律层级单位，语音韵律短语以下（音步和音节）的对应规律我们观察不到。

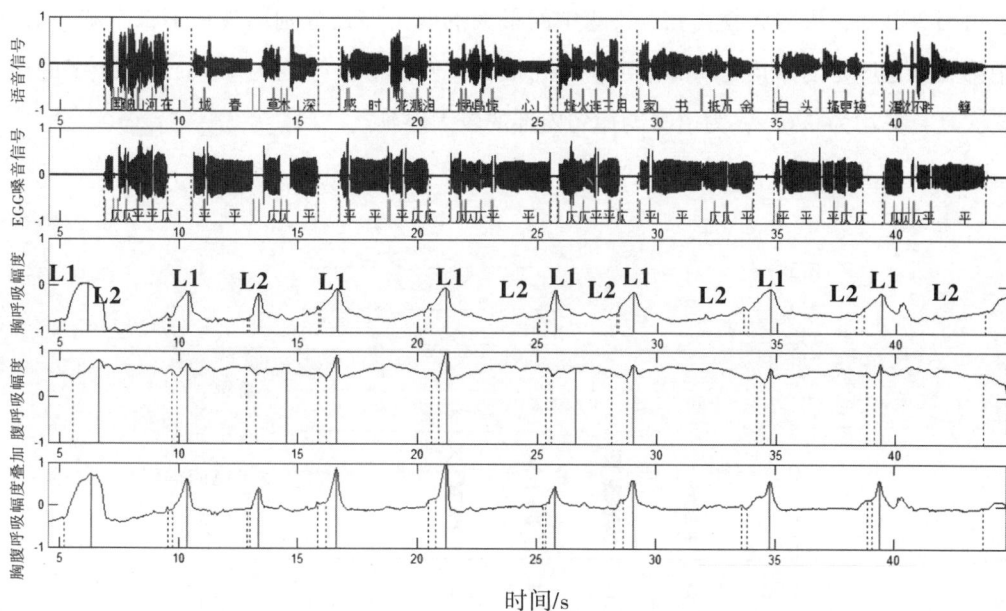

图1   五言格律诗《春望》在吟诵时语音和呼吸信号对照图

注：平仄结构为仄仄平平仄，平平仄仄平。平平平仄仄，仄仄仄平平。仄仄平平仄，平平仄仄平。平平平仄仄，仄仄仄平平。

2.2.1   五言格律诗的粤语吟诵的语音韵律研究

五言格律诗根据首句的表现主要有四种平仄格式：仄起仄收式（仄仄平平仄）、仄起平收式（仄仄仄平平）、平起仄收式（平平平仄仄）、平起平收式（平平仄仄平）。其中圈内字可平可仄。五言格律诗四种平仄格式每个小句的各个音节的停延时长聚类分析如图2至图5所示。

（1）仄起仄收式。

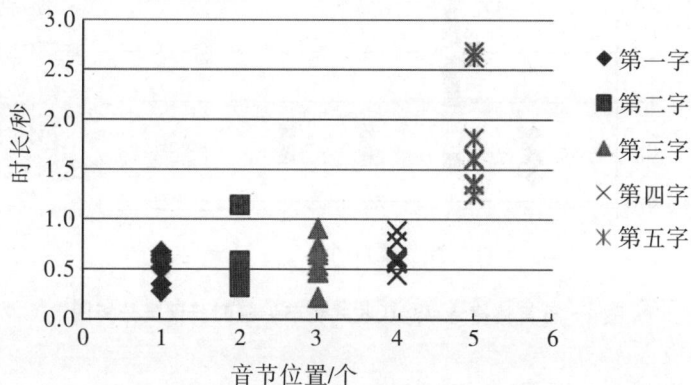

图2   五言格律诗仄起仄收式音节停延时长聚类分析图

由图 2 可知，仄起仄收式五言诗句中的最大的两个停延分别出现在第二字和第五字，其中第五字之后是韵律句之间的停延，时间最长，停延时长平均为 1.78s；第二字的停延时长次之，平均为 0.65s，为语音韵律句内部的较大停延。

（2）仄起平收式。

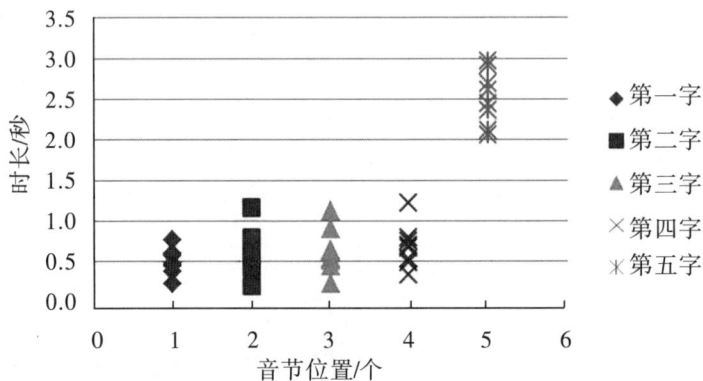

图3　五言格律诗仄起平收式音节停延时长聚类分析图

由图 3 可知，仄起平收式五言诗句中的主要停延出现在第二字和第五字，第五字可以划定为语音韵律句之间的停延时间长，平均为 2.52s；第二字的停延时间较长，平均为 0.63s，为语音韵律句内部的较大停延。这里我们也发现，仄起平收式与仄起仄收式相似，均在仄仄之后存在一个句内停延。

（3）平起仄收式。

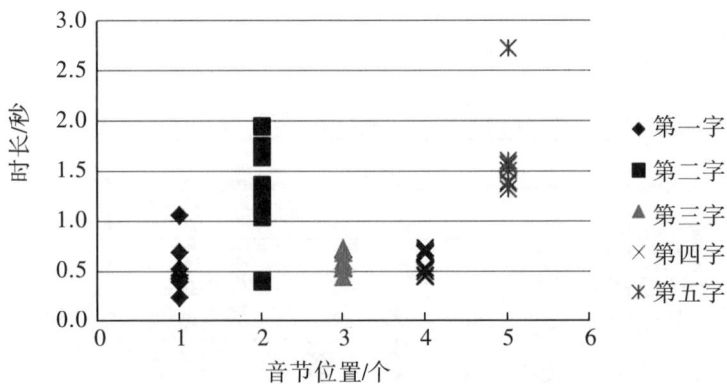

图4　五言格律诗平起仄收式音节停延时长聚类分析图

由图 4 可知，平起仄收式五言诗句的停延在第五字表现为最长，平均为 1.62s，可以作为语音韵律句的划分依据；其次是在第二字，有较长的停延时间，平均为 1.38s，为语音韵律句内部的较大停延，由于第二字为平声，平声在音节时长会有延长，所以停延时间会比较长。

（4）平起平收式。

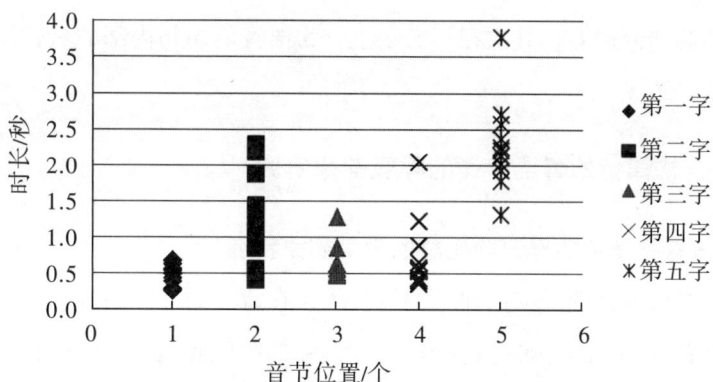

图 5　五言格律诗平起平收式音节停延时长聚类分析图

由图 5 可知，平起平收式五言诗句的停延在第五字表现为最长，平均为 2.26s，可以作为语音韵律句的划分依据；其次是在第二字上有较长的停延时间，平均为 1.28s，为语音韵律句内部的较大停延。由于第二字为平声，平声在音节时长中有延长优势，所以停延时间会比较长。

此外，我们还统计了五言格律诗中奇偶句的最末字停延时长。由于五言格律诗最后一句是结束句，最后一字的停顿时长无法统计，所以我们不把最后一句的最末字纳入统计范围。我们对每一句的最末字停延时长进行统计，求出平均值。结果如表 1 所示。

表 1　五言格律诗最末字平均停延时长统计　　　　　　　　单位：s

奇 1 句最末字	偶 2 句最末字	奇 3 句最末字	偶 4 句最末字
0.922	0.95	0.84	1.01

奇 1 句包括五言绝句的第一句与五言格律诗的第一句和第五句；奇 3 句包括五言绝句的第三句和五言格律诗的第七句，均为奇数句；偶 2 句包括五言绝句的第二句与五言格律诗的第二句和第六句；偶 4 句只是五言格律诗的第四句。统计数据表明：奇数句最末字停延时长要比偶数句短，这是由于奇数句所陈述的话未陈述完，而偶数句的最末字是韵脚所在之处，标志着一句诗的完成。偶数句最末字停延时长是第四句比第二句长，奇数句的情

况却是第一句最末字的停延要长于第三句的停延，这跟格律诗的奇数第一句的最末字经常参与押韵（押韵要求拖腔）有关系。

综上所述，在五言格律诗粤语吟诵中，偶数句最末字的语音停延通常要大于奇数句最末字的语音停延，同是偶数句最末字，偶4句的句末语音停延又大于偶2句。不管是哪种平仄格式的五言格律诗，小句中的音节停延都是第五字（最末字）的停延时长最长，故可作为语音韵律句的划分边界；其次在第二字上，为语音韵律句内部的最长停延，可作为语音韵律短语的划分边界。

2.2.2　五言格律诗的粤语吟诵的呼吸韵律研究

2.2.2.1　五言格律诗的粤语吟诵总的呼吸韵律特征

五言格律诗粤语吟诵的呼吸韵律总的特征为：在诗句的开始前多存在一个一级的胸呼吸和腹呼吸的重置（L1）；在句中会出现一个二级的呼吸重置（L2）；五言格律诗粤语吟诵的一个呼吸韵律句大致对应一个小句。同时，我们还发现呼吸信号与韵律之间的对应关系，一般只能对应到韵律短语层面，关于呼吸与韵律词及以下韵律层级单位之间的关系，本书的数据观察不到。同时我们还发现不同发音人的发音风格，也会有不同的呼吸韵律特点。

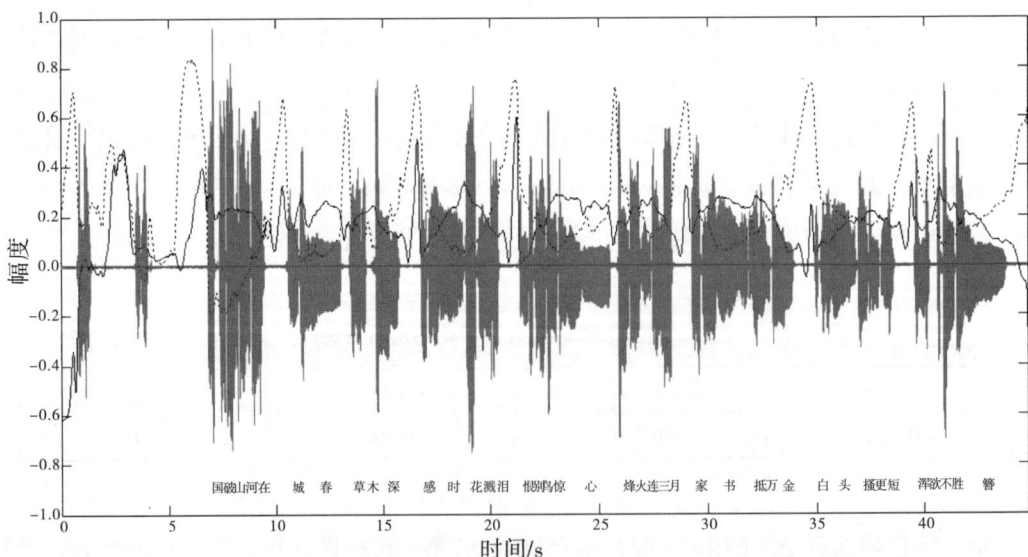

图6　五言格律诗《春望》粤语吟诵胸腹呼吸图

注：（1）图中文字：国破山河在，城春草木深。感时花溅泪，恨别鸟惊心。烽火连三月，家书抵万金。白头搔更短，浑欲不胜簪。

（2）平仄结构：仄仄平平仄，平平仄仄平。平平平仄仄，仄仄仄平平。仄仄平平仄，平平仄仄平。平平平仄仄，仄仄仄平平。

如图 6 所示，虚线为胸呼吸信号，实线为腹呼吸信号。胸呼吸信号在每一个小句之前有一个一级呼吸重置，胸呼吸呼气相时长平均为 3.45s，呼气相斜率平均为 −0.07，在诗句呼吸韵律短语边界处存在抖动，与停顿时间点一致。腹呼吸呼气相时长平均为 3.34s，呼气相斜率平均为 −0.01。在每个小句之前都有一个一级呼吸重置，在韵律短语边界，腹呼吸信号上存在断点抖动或水平段，胸腹呼吸重置开始的时间都要早于语音信号的时间，结束时间和语音信号结束时间基本一致。在这里我们观察到，这位发音人的胸呼吸信号要早于腹呼吸信号的产生，平均约早 0.36s。同时从图中可以看出，他的胸呼吸信号呼气相的斜率为 −0.07，在绝对值上要大于腹呼吸信号呼气相的斜率（−0.01），胸呼吸信号远比腹呼吸信号明显，这可以说明该发音人擅长使用胸呼吸的发音方式。同时我们还观察了另外两位发音人的呼吸信号，czr 的胸呼吸信号标记开始时间点为 5.98，腹呼吸信号标记开始时间点为 5.89，腹呼吸信号要早于胸呼吸信号开始的时间，胸呼吸的呼气相斜率为 −0.02，腹呼吸吸气相斜率为 −0.11，在斜率绝对值的比较下腹呼吸信号远大于胸呼吸信号，所以 czr 擅长使用腹呼吸的发音方式；xwg 的胸呼吸信号标记开始时间点为 13.88，腹呼吸信号标记开始时间点为 13.90，腹呼吸信号的开始时间要早于胸呼吸信号开始时间，胸呼吸信号吸气相斜率为 −0.13，腹呼吸信号吸气相斜率为 −0.18，胸呼吸信号与腹呼吸信号比较绝对值差额不大，所以可以说 xwg 擅长使用胸腹联合式呼吸的发音方式。由此可知，不同发音人的发音方式、风格不同，会存在不同的呼吸韵律特点。

虽然每个发音人在使用胸腹呼吸进行吟诵或朗读的习惯会有所不同，有的以胸呼吸为主，有的以腹呼吸为主，有的擅长胸腹联合呼吸。但是每位发音人呼吸重置的相对关系是一致的，且呼吸重置和语音停延的对应关系也是比较一致的，譬如一级呼吸重置（L1）多对应于最大语音停延，形成一个韵律句（既是语音韵律句也是呼吸韵律句）；二级呼吸重置（L2）多对应于较大语音停延，形成韵律短语。因此，我们完全可以根据发音人的呼吸重置规律来研究他们的呼吸韵律特征。下面我们以具体的例子阐述粤语吟诵五言格律诗的呼吸重置表现。

表 2　五言格律诗《春望》胸腹呼吸叠加信号呼气相呼吸重置幅度聚类分析

最终聚类中心

	聚类	
	L1	L2
《春望》	0.88	0.56

每个聚类中的案例数

聚类	L1	8.000
	L2	16.000
有效		24.000
缺失		0.000

由表 2 可知，五言格律诗《春望》分为两个呼吸重置层级，一级呼吸重置在 0.88 上下分布，而二级呼吸重置在 0.56 上下分布。我们选用胸腹叠加信号作为研究对象，是由于不同发音人擅长使用的发音方式不同，为了尽可能地消除人际差异，使数据更加准确、研究结果更加真实，本书选用的是胸腹叠加信号，下同。

表 3　五言格律诗胸腹呼吸叠加信号呼气相呼吸重置幅度聚类分析

最终聚类中心

	聚类	
	L1	L2
五言格律诗	0.76	0.32

每个聚类中的案例数

聚类	L1	20.000
	L2	27.000
有效		47.000
缺失		0.000

描述统计量

	数量	极小值	极大值	均值	方差
五言格律诗	47	0.07	1.00	0.576 6	0.066
有效的 N（列表状态）	47				

由表 3 可知，五言格律诗分为两个呼吸重置层级，一级呼吸重置在 0.76 上下分布，而二级呼吸重置在 0.32 上下分布。方差为 0.066，说明数据浮动不大。呼气相重置幅度的聚类分析可以帮助我们确定韵律层级的划分级数，从而有力地证明了韵律层级划分的科学性。

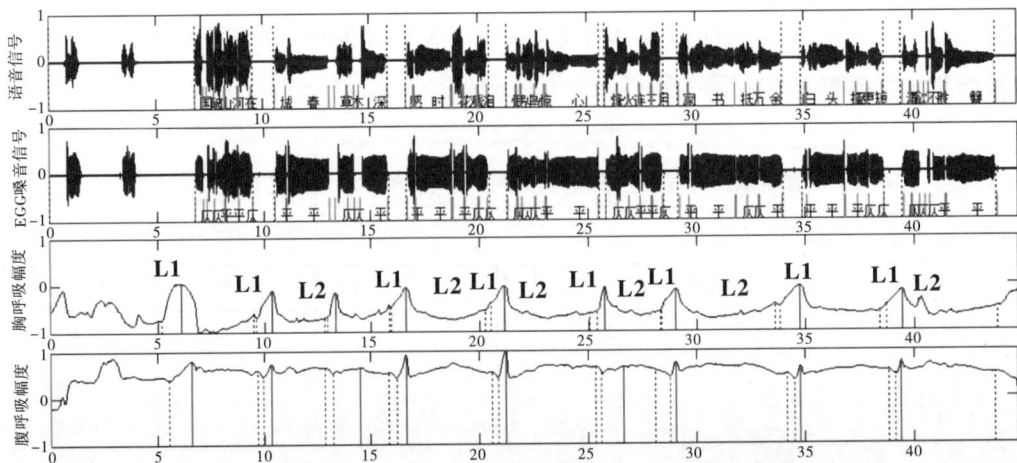

图 7　五言格律诗《春望》粤语吟诵呼吸韵律对比图

由图 7 可知，如在"城春草木深"这一句中，"城春草木深"首先对应了一个一级呼吸重置（L1）；"城春"之后在语音上有一段停顿，这里对应一个二级的呼吸重置（L2）；在"草木"与"深"字之间有一小段停顿，这段停顿在呼吸信号上表现为一个较小的呼吸抖动。五言格律诗的语音停延规律与呼吸信号呈现出的规律基本对应。

2.2.2.2 粤语吟诵不同平仄格式五言格律诗的呼吸韵律特征

接下来我们着重分析五言格律诗不同平仄格式中呼吸韵律短语与呼吸信号的对应关系。由于五言格律诗呼吸韵律与语音韵律的对应规律较为规整，同时为了突出不同发音人擅长的发音方法，我们对胸呼吸和腹呼吸所体现出的规律进行详细的说明。

（1）仄起仄收式。

先看仄起仄收式五言格律诗的呼吸韵律特征，以《山居秋暝》中"明月松间照"为例，如图 8 所示。本句为仄起仄收式，小句的开头出现一个一级呼吸重置，在"明月"后面有一个较大停延，这个停延分别对应了一个二级的胸呼吸重置和二级的腹呼吸重置，其胸呼吸呼气相的重置幅度为 0.41，腹呼吸呼气相的重置幅度为 0.83。一、二级呼吸重置与前文仄起仄收式的最大和较大语音停延是基本对应的，所以这里的呼吸韵律句和呼吸韵律短语与语音韵律句和语音韵律短语是一一对应的。

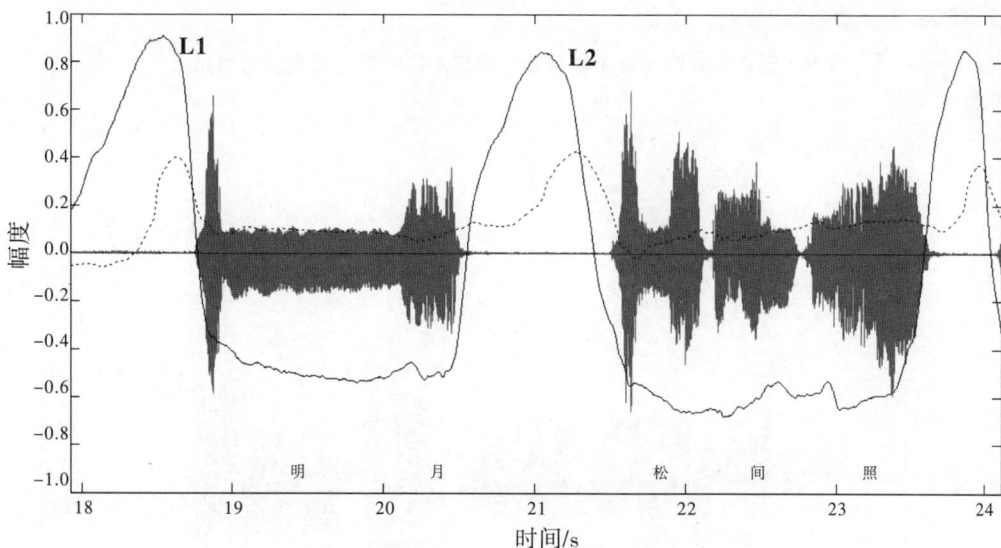

图 8　五言格律诗《山居秋暝》仄起仄收式胸腹呼吸与语音信号对比图

（2）仄起平收式。

以五言格律诗《春望》仄起平收句式"浑欲不胜簪"为例，如图 9 所示。小句的开头有一个一级呼吸重置，"浑欲"后面对应了一个二级胸呼吸重置和二级腹呼吸重置，其胸呼吸呼气相的重置幅度为0.13，腹呼吸呼气相的重置幅度为0.74。一、二级呼吸重置与上文仄起平收式的最大和较大语音停延相对应。所以仄起平收式本身是一个呼吸韵律句，内部可以划分为两个呼吸韵律短语，这里的呼吸韵律句和呼吸韵律短语与语音韵律句和语音韵律短语是一一对应的。

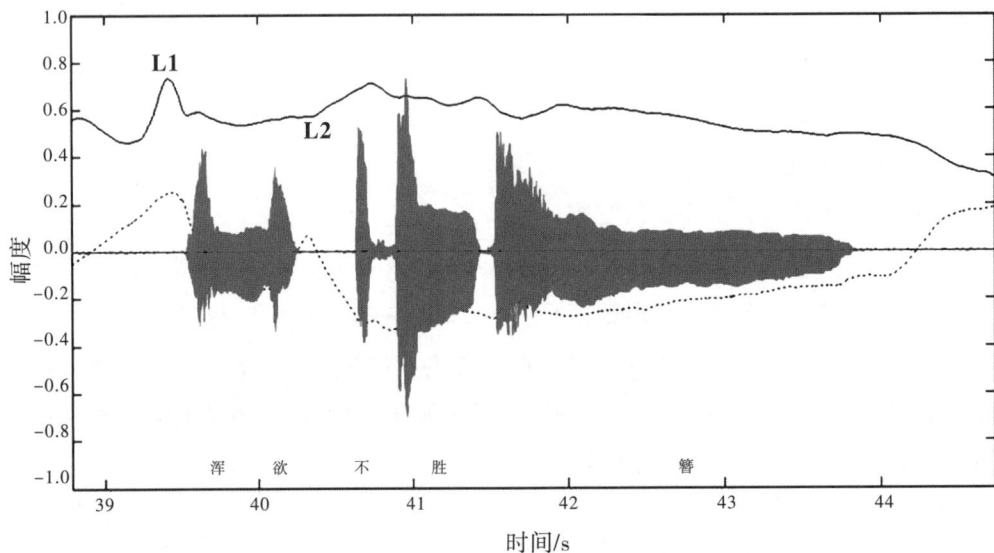

图9　五言格律诗《春望》仄起平收式胸腹呼吸与语音信号对比图

（3）平起仄收式。

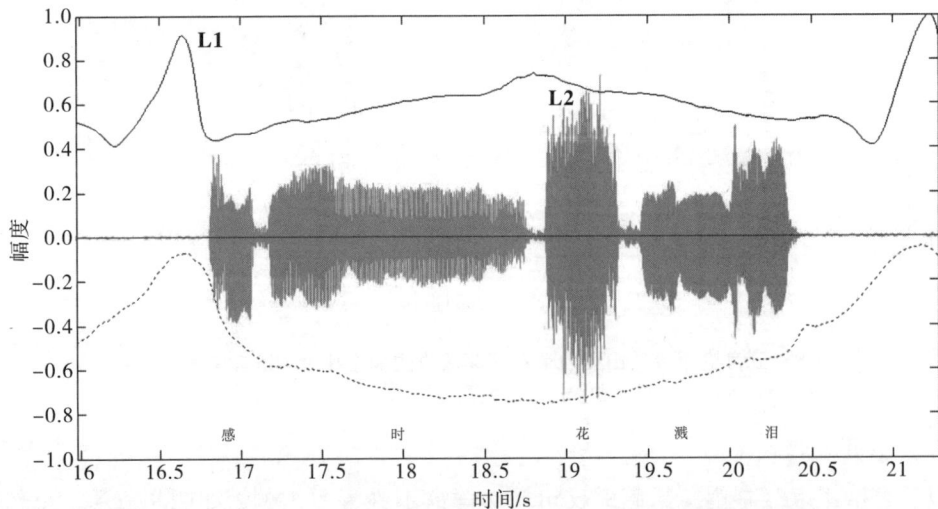

图10　五言格律诗《春望》平起仄收式胸腹呼吸与语音信号对比图

以五言格律诗《春望》平起仄收式"感时花溅泪"为例，如图10所示。小句的开头有一个一级呼吸重置，在"感时"之后存在一个二级腹呼吸重置，其呼气相的重置幅度为0.65，而此处的胸呼吸重置并不明显，但我们依旧可以按照腹呼吸的规律把第二字作为划分呼吸韵律短语的边界。这里的呼吸韵律句和呼吸韵律短语与语音韵律句和韵律短语也是一一对应的。

（4）平起平收式。

以五言格律诗《春望》平起平收式"城春草木深"为例，如图11所示。小句的开头有一个一级呼吸重置，所以这是一个呼吸韵律句；在"城春"之后、"草木深"开始前存在一个二级胸呼吸重置和一个二级腹呼吸重置，其胸呼吸呼气相的重置幅度为0.24，腹呼吸呼气相的重置幅度为0.62，说明"城春"和"草木深"是两个呼吸韵律短语。这里的呼吸韵律句和呼吸韵律短语与语音韵律句和语音韵律短语也是一一对应的。

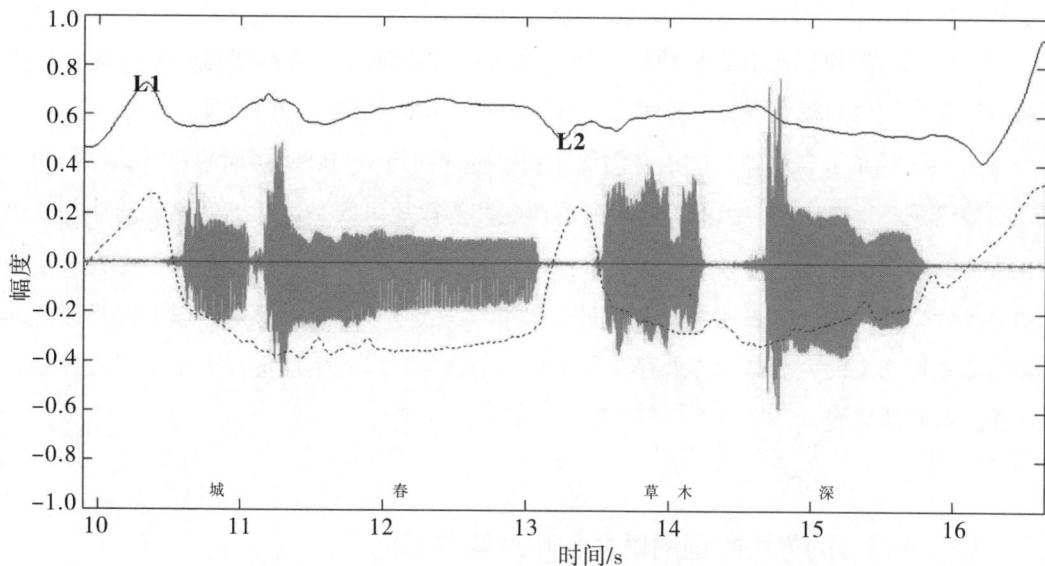

图11　五言格律诗《春望》平起平收式胸腹呼吸与语音信号对比图

我们将三位发音人在吟诵五言格律诗时的一、二级胸腹呼吸的呼吸重置时长进行对比，如表4所示，发现三位发音人在呼吸重置时长上存在差异，这与三位发音人的发音方式和发音技巧有关。

表4　三位发音人吟诵五言格律诗时的一、二级呼吸重置时长　　　　单位：s

	gyx	xwg	czr
一级呼吸重置时长	4.03	1.64	3.85
二级呼吸重置时长	2.51	0.51	1.80

2.2.3　五言格律诗的粤语吟诵的呼吸韵律和语音韵律之间的对应规律

通过前文对不同平仄格式的五言格律诗粤语吟诵的呼吸重置及语音停延进行分析，我们发现呼吸韵律与语音韵律之间存在比较明显的对应规律：

（1）五言格律诗分为两个呼吸重置层级，一级呼吸重置在0.76上下分布，而二级呼吸重置在0.32上下分布。方差为0.066，数据的浮动不大。

（2）一级呼吸重置跟五言格律诗小句的最大语音停延（通常都在句末）对应；二级呼吸重置跟小句内的较大语音停延对应，都出现在小句的第二个音节位置。

（3）粤语吟诵五言格律诗的语音韵律句和语音韵律短语与呼吸层面的呼吸韵律句和呼吸韵律短语是一一对应的。因此，这里的韵律句和韵律短语既是声学上的语音韵律句，也是生理上的呼吸韵律句。即粤语吟诵五言格律诗的韵律句在声学表现上是句末存在一个最大语音停延，在生理上的表现是小句前面存在一个一级呼吸重置；粤语吟诵五言格律诗的韵律短语在声学上的表现是边界处存在一个较大语音停延，在生理上的表现是在边界处存在一个二级呼吸重置。

2.3　七言格律诗的粤语吟诵的语音和呼吸韵律研究

通过对语音信号和呼吸信号进行标记，我们得到粤语吟诵七言格律诗的语音和呼吸相关的数据。以七言格律诗《无题（昨夜星辰昨夜风）》为例，我们整体地对七言格律诗吟诵时的基本规律进行观察。为了消除发音人因擅长使用的发音方式不同而产生的差异，我们主要使用胸腹呼吸的叠加信号来进行统计分析。如图12所示，《无题（昨夜星辰昨夜风）》可以划分为8个语音韵律句，七言格律诗的每一个小句基本对应一个语音韵律句和一个呼吸韵律句，每个小句在第七字上存在最大语音停延，小句前面多出现一级呼吸重置；小句又可以划分为2个语音韵律短语，语音韵律短语的停延和呼吸重置规律因平仄的不同而表现出不同特点。在音步方面，我们发现语音停延和呼吸重置的对应规律不够明显，如"昨夜星辰昨夜风"中"昨夜风"为一个语音韵律短语，可以划分为"昨夜"和"风"两个音步，但在呼吸信号中，我们只能看到在"昨夜风"这个语音韵律短语之前存在一个二级呼吸重置，而音步所对应的呼吸重置规律不明显。所以在研究七言格律诗吟诵时，我们重点研究语音韵律短语及以上的韵律层级单位的语音及呼吸韵律的对应关系。

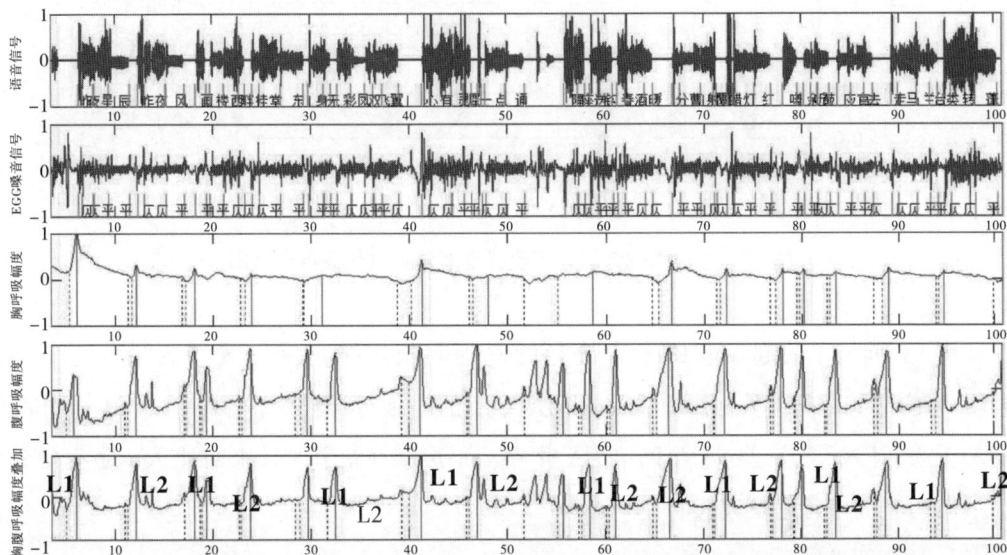

图 12　七言格律诗《无题（昨夜星辰昨夜风)》在吟诵时语音和呼吸信号对照图

注：平仄结构为仄仄平平仄仄平，平平仄仄仄平平。平平仄仄平平仄，仄仄平平仄仄平。仄仄平平平仄仄，平平仄仄仄平平。平平仄仄平平仄，仄仄平平仄仄平。

2.3.1　七言格律诗的粤语吟诵的语音韵律研究

七言格律诗根据首句的表现主要有四种平仄格式，仄起仄收式（仄仄平平平仄仄）、仄起平收式（仄仄平平仄仄平）、平起仄收式（平平仄仄平平仄）、平起平收式（平平仄仄仄平平）。其中圈内字可平可仄。七言格律诗四种平仄格式每个小句的各个音节的停延时长聚类分析如图 13 至图 16 所示。

（1）仄起仄收式。

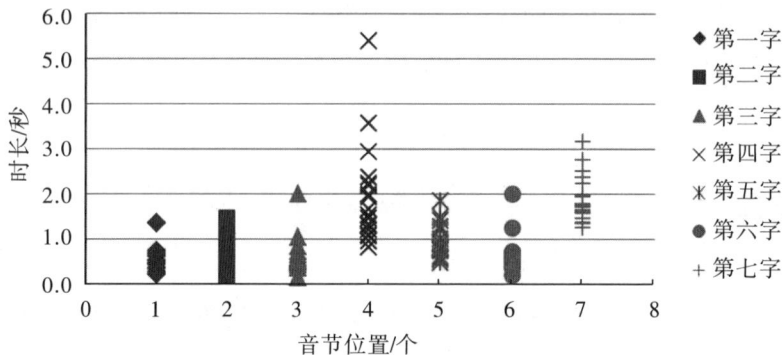

图13　七言格律诗仄起仄收式音节停延时长聚类分析图

如图 13 所示，仄起仄收式七言诗句的停延时长在第七字上表现为最长，平均为 1.94s，为韵律句之间的停顿；其次是在第四字上的停延时长较长，平均为 1.91s，作为句中的较大语音停延。这是由于第四字为平声字，平声字在音节时长上对比仄声字有延长优势，故第四字的停延时长较长。

（2）仄起平收式。

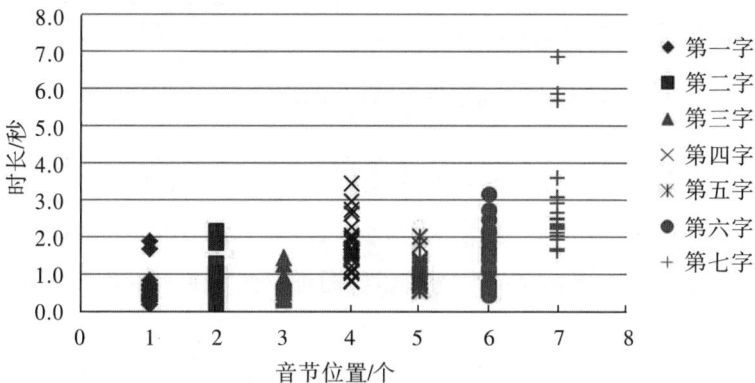

图14　七言格律诗仄起平收式音节停延时长聚类分析图

如图 14 所示，仄起平收式七言诗句的停延时长在第七字上表现为最长，平均为 2.81s，作为韵律句划分的依据；其次是在第四字上出现较大的语音停延，平均为 1.73s。除此之外，我们发现在第六字上也有相对较大的语音停延，第六字的平均停延时长为 1.23s，这是由于在吟诵的过程中，最后一句往往会拖长，为了保证呼吸的顺畅，发音人在第六句之后经常会"偷气"，故第六字上也会出现较大的语音停延。

（3）平起仄收式。

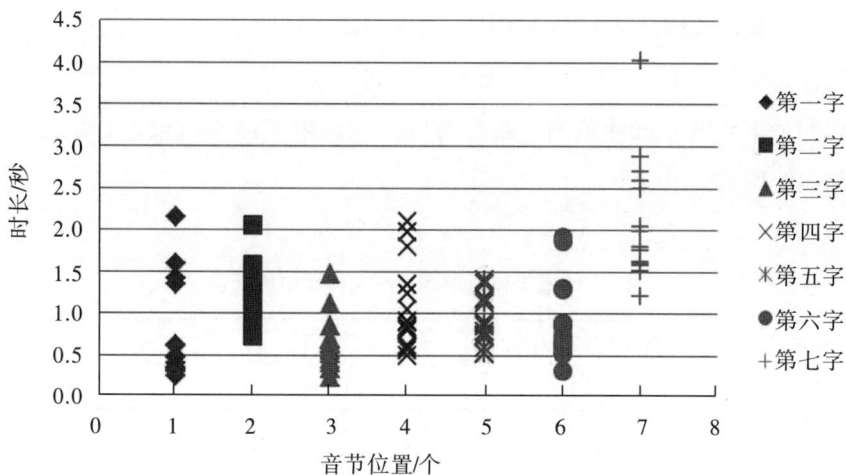

图15　七言格律诗平起仄收式音节停延时长聚类分析图

如图15所示，平起仄收式七言诗句的停延时长在第七字上表现最长，平均为2.09s，可作为韵律句的划分依据；而对于句中停延来说，语音停延数据的区分并不明显，我们准备结合其发音时的呼吸韵律特征，找出韵律短语的划分边界，对于这一点后文会详细分析。

（4）平起平收式。

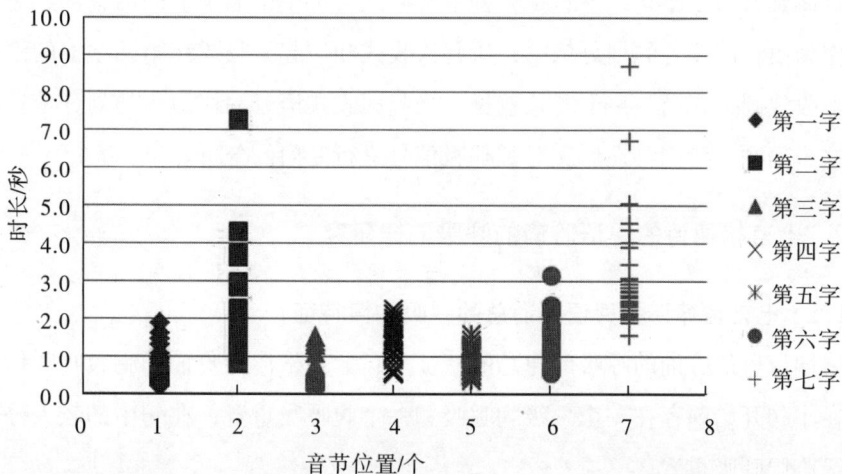

图16　七言格律诗平起平收式音节停延时长聚类分析图

由图 16 可知，平起平收式七言诗句的停延时长在第七字上表现为最长，平均为 3.08s，可作为韵律句的划分依据；其次是在第二字上出现较大的语音停延，平均为 1.28s。

除此之外，我们还统计了七言格律诗中奇偶句最末字的平均停延时长，以观察七言格律诗每一句在句末停延上的差异。由于最后一句的最末字停顿时长无法统计，所以我们不把最后一句的最末字纳入统计范围。我们对每一句最末字停延时长进行统计，求出平均值。结果如表 5 所示。

表5　七言格律诗最末字平均停延时长统计　　　　　　　　　　单位：s

奇 1 句最末字	偶 2 句最末字	奇 3 句最末字	偶 4 句最末字
1.03	1.33	1.21	1.89

奇 1 句包括七言绝句的第一句与七言格律诗的第一句和第五句；奇 3 句包括七言绝句的第三句与七言格律诗的第三句和第七句，均为奇数句；偶 2 句包括七言绝句的第二句与七言格律诗的第二句和第六句；偶 4 句为七言格律诗的第四句（不包括七言绝句和七言格律诗的最后一句）。结果发现，奇数句最后一字的停延时长要比偶数句的短；奇 1 句的最后一字的停延时长要比奇 3 句的停延时长短；偶 4 句的最末字停延时长要比偶 2 句的最末字停延时长长。

综上所述，粤语吟诵七言格律诗的语音停延总的规律跟五言格律诗比较接近，偶数句最末字的语音停延要长于奇数句最末字，同是偶数句或同是奇数句的后句最末字停延要长于前句。具体到每一个小句，不管是哪种平仄格式，都是第七字上的语音停延时长表现为最长，可作为语音韵律句的划分依据；仄起仄收式和仄起平收式在第四字上的停延时间较长；平起平收式则是在第二字上时长较长。平起仄收式语音韵律短语的划分依据规律不明显，对于这个问题，我们将在后文对其呼吸信号进行专门的分析。

2.3.2　七言格律诗的粤语吟诵的呼吸韵律研究

2.3.2.1　七言格律诗的粤语吟诵总的呼吸韵律特征

七言格律诗粤语吟诵的呼吸韵律总的特征为：七言格律诗吟诵的胸腹呼吸信号一般分为两级，在小句开始前存在一个一级胸呼吸和一个腹呼吸重置；在句中的较大停顿处会对应一个二级胸腹呼吸重置。

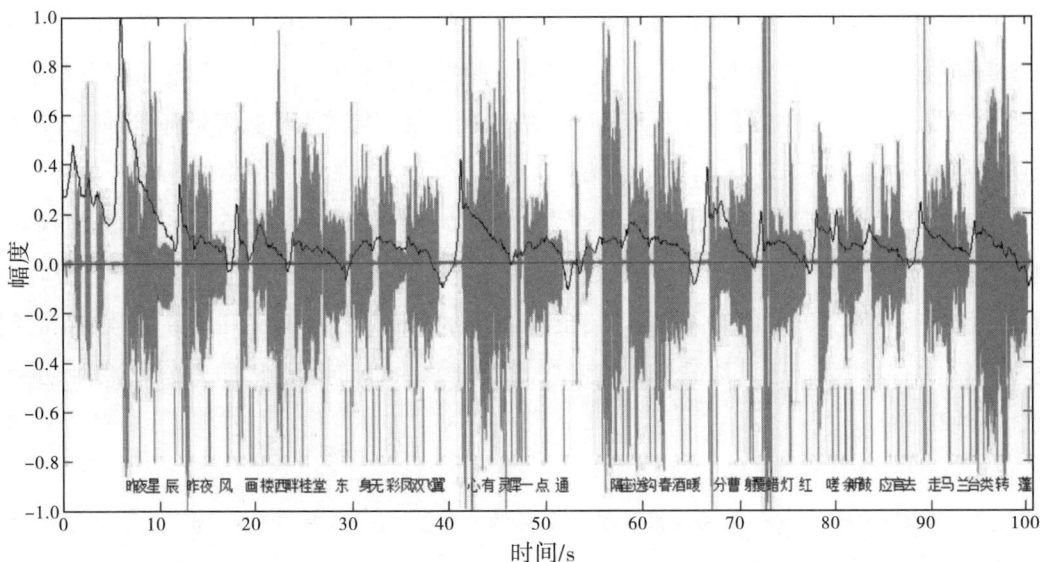

图17 七言格律诗《无题（昨夜星辰昨夜风)》粤语吟诵胸呼吸与语音信号对比图

注：（1）图中文字：昨夜星辰昨夜风，画楼西畔桂堂东。身无彩凤双飞翼，心有灵犀一点通。隔座送钩春酒暖，分曹射覆蜡灯红。嗟余听鼓应官去，走马兰台类转蓬。

（2）平仄结构：仄仄平平仄仄平，平平仄仄仄平平。平平仄仄平平仄，仄仄平平仄仄平。仄仄平平平仄仄，平平仄仄仄平平。平平仄仄平平仄，仄仄平平仄仄平。

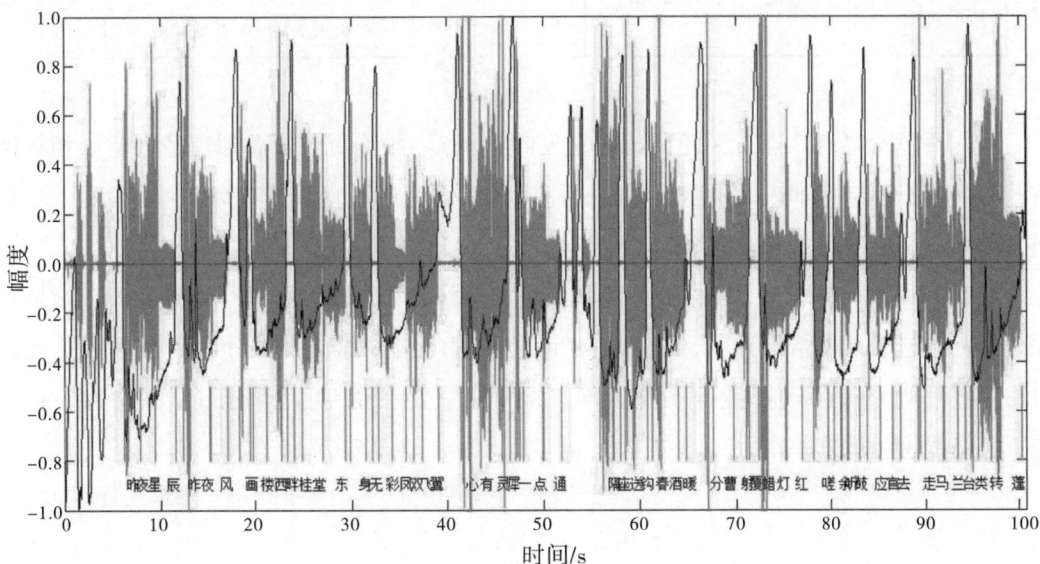

图18 七言格律诗《无题（昨夜星辰昨夜风)》粤语吟诵腹呼吸与语音信号对比图

注：（1）图中文字：昨夜星辰昨夜风，画楼西畔桂堂东。身无彩凤双飞翼，心有灵犀一点通。隔座送钩春酒暖，分曹射覆蜡灯红。嗟余听鼓应官去，走马兰台类转蓬。

（2）平仄结构：仄仄平平仄仄平，平平仄仄仄平平。平平仄仄平平仄，仄仄平平仄仄平。仄仄平平平仄仄，平平仄仄仄平平。平平仄仄平平仄，仄仄平平仄仄平。

以七言格律诗《无题（昨夜星辰昨夜风)》为例，我们来分析一首七言格律诗整体的呼吸韵律特征，如图 17 和 18 所示。可以看到，胸呼吸基本在每一个小句前面都有一个一级呼吸重置。首句"昨夜星辰"后有一个二级呼吸重置，与较大语音停延基本对应，胸呼吸呼气相时长平均为 4.58s，斜率平均为 - 0.03。腹呼吸也在每一个小句开始之前有一个一级呼吸重置，腹呼吸的呼气相时长平均为 3.75s，斜率平均为 - 0.25；在"画楼西畔桂堂东"中"画楼西畔"之后有一个较大的语音停延，对应了腹呼吸信号的一个二级呼吸重置。胸腹呼吸重置开始的时间都要早于语音信号的时间，结束时间和语音信号结束时间基本一致。在这里我们还可以看到，腹呼吸重置开始的时间要早于胸呼吸重置开始的时间，早约 0.36s。

表6　七言格律诗《无题（昨夜星辰昨夜风)》胸腹呼吸叠加信号呼气相呼吸重置幅度聚类分析

最终聚类中心

《无题（昨夜星辰昨夜风)》	聚类	
	L1	L2
	0.82	0.48

每个聚类中的案例数

聚类	L1	8.000
	L2	16.000
有效		24.000
缺失		0.000

我们通过对粤语吟诵《无题（昨夜星辰昨夜风)》的胸腹呼吸叠加信号的呼气相数据进行聚类分析，结果如表 6 所示。七言格律诗《无题（昨夜星辰昨夜风)》分为两个呼吸重置层级，一级呼吸重置在 0.82 上下分布，而二级呼吸重置在 0.48 上下分布。

同时，我们又对所有七言格律诗的胸腹叠加信号的呼气相数据进行聚类分析，结果如表 7 所示。自然聚类结果显示，七言格律诗的胸腹呼吸叠加信号可分为两个呼吸重置层级，一级呼吸重置在 0.72 上下分布，而二级呼吸重置在 0.10 上下分布，方差为 0.129，与五言格律诗相比方差略大。

表 7　七言格律诗胸腹呼吸叠加信号呼气相呼吸重置幅度聚类分析

最终聚类中心

	聚类	
	L1	L2
七言格律诗	0.72	0.10

每个聚类中的案例数

	L1	97.000
聚类	L2	139.000
有效		236.000
缺失		0.000

描述统计量

	数量	极小值	极大值	均值	方差
七言格律诗	236	−0.47	1.00	0.464 5	0.129
有效的 N（列表状态）	236				

2.3.2.2　粤语吟诵不同平仄格式七言格律诗的呼吸韵律特征

接下来我们着重分析七言格律诗不同平仄格式中呼吸韵律特征。由于七言格律诗的呼吸韵律与语音韵律的对应规律较为规整，为了突出不同发音人擅长的发音方法，下面我们对每类格式中的胸呼吸和腹呼吸信号进行详细的说明。

（1）仄起平收式。

以七言格律诗《无题（昨夜星辰昨夜风）》为例（如图 19 所示），"昨夜星辰昨夜风"为仄起平收式，小句开始前出现了一个一级呼吸重置，在"昨夜星辰"之后有一个较大的语音停延，这个较大停延对应了一个二级胸腹呼吸重置，其中胸呼吸呼气相的重置幅度为 0.31，腹呼吸呼气相的重置幅度为 0.74。一、二级呼吸重置与该句的最大停延和较大停延是基本对应的，说明这里的语音韵律和呼吸韵律是一一对应的。

（2）仄起仄收式。

以七言格律诗《蜀相》为例（如图 20 所示），"三顾频烦天下计"为仄起仄收式，小句开始前出现了一个一级呼吸重置，在"三顾频烦"之后存在一个二级胸腹呼吸重置，其中胸呼吸呼气相的重置幅度为 0.4，腹呼吸呼气相的重置幅度为 0.71。一、二级呼吸重置与该句的最大停延和较大停延是基本对应的，说明仄起仄收式的语音韵律和呼吸韵律是一一对应的。

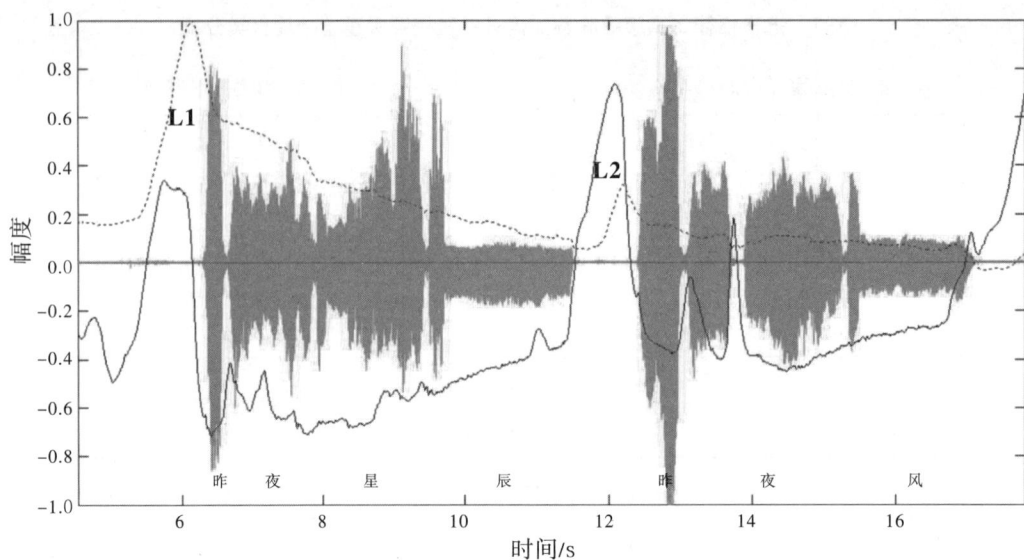

图 19　七言格律诗《无题（昨夜星辰昨夜风)》仄起平收式胸腹呼吸与语音信号对比图

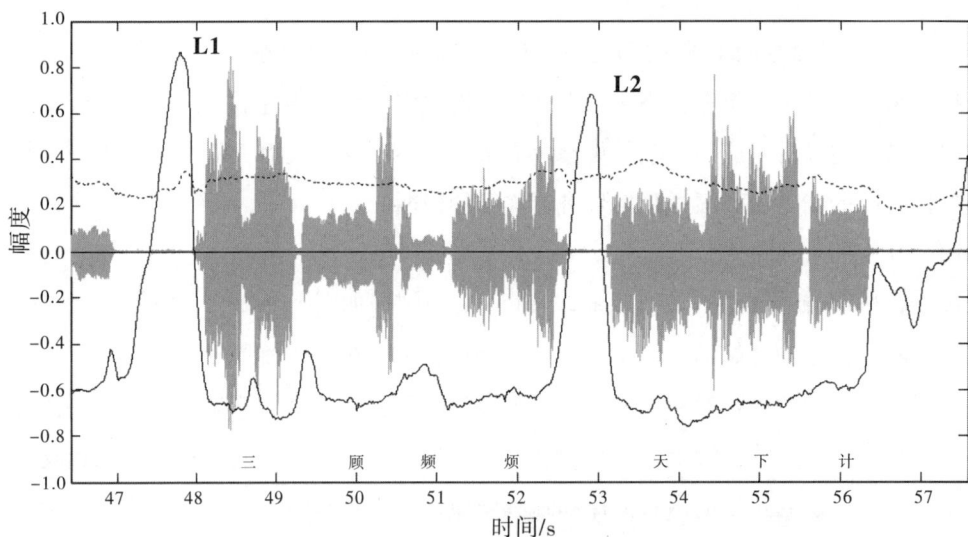

图 20　七言格律诗《蜀相》仄起仄收式胸腹呼吸与语音信号对比图

（3）平起仄收式。

平起仄收式的呼吸韵律短语与呼吸信号的对应关系如图 21 所示，以七言诗《登金陵凤凰台》"三山半落青天外"一句为例，小句开头出现了一个一级呼吸重置，"三山半落"后对应了一个二级腹呼吸重置和二级胸呼吸重置，呼气相重置幅度分别为 0.38 和 0.34。在前文关于平起仄收式的句内语音停延研究中我们并未找到语音韵律短语的位置，而通过呼吸信号，我们很容易就可以确定呼吸韵律短语的边界（在第四音节后），体现了呼吸信号稳定、清晰的特点，同时也说明了纯生理的呼吸信号比纯声学的语音信号更有利于判断韵律短语及韵律句的边界。

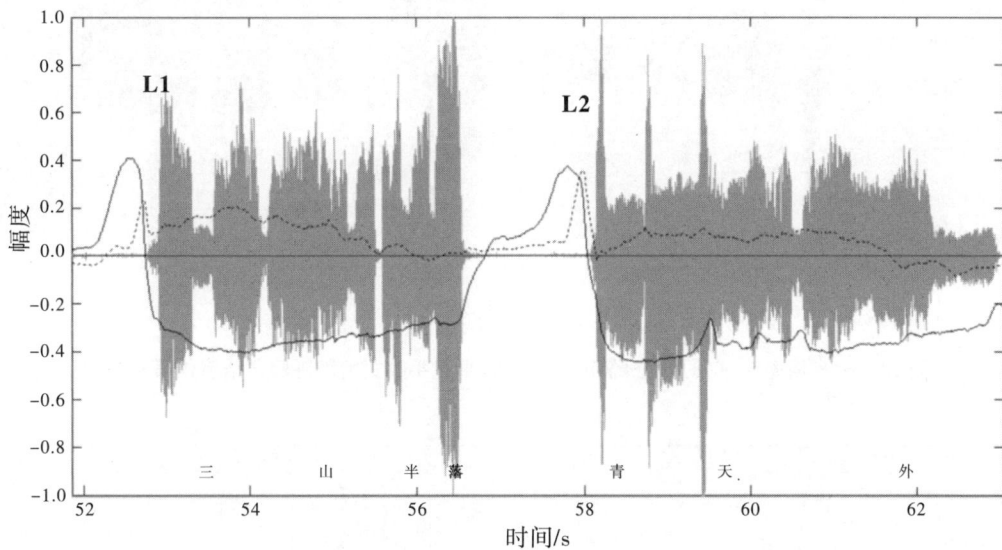

图 21　七言格律诗《登金陵凤凰台》平起仄收式胸腹呼吸与语音信号对比图

（4）平起平收式。

平起平收式的呼吸韵律特征如图 22 所示。以七言格律诗《九月九日忆山东兄弟》"每逢佳节倍思亲"为例，小句前面存在一个一级呼吸重置，在"平平"格的"每逢"后面有一个二级的腹呼吸重置和一个二级胸呼吸重置，重置幅度分别为 0.58 和 0.27。一、二级呼吸重置与我们之前分析的平起平收式的最大和较大语音停延基本上都是一一对应的。

但是我们也找到了一位发音人的特例，czr 在吟诵平起平收式的七言格律诗时，呼吸信号体现的呼吸韵律短语的规律与语音信号体现的语音韵律短语边界并不对应。以《无题（昨夜星辰昨夜风）》中的"分曹射覆蜡灯红"为例（如图 23 所示），在"分曹射覆"之后有一个二级腹呼吸重置和二级胸呼吸重置，呼气相呼吸重置幅度分别为 0.83 和 0.21，这与一般人的语音二级呼吸重置和较大停延出现在"分曹"后明显不同，是因为 czr 早年是学粤剧出身的，而粤剧、粤曲在唱诵七言诗句的时候，其小句停顿通常要求落在第四个音节后面，形成 4－3 格的停顿模式。czr 的七言格律诗吟诵应该是受到了粤剧和粤曲唱诵习惯的影响所致。

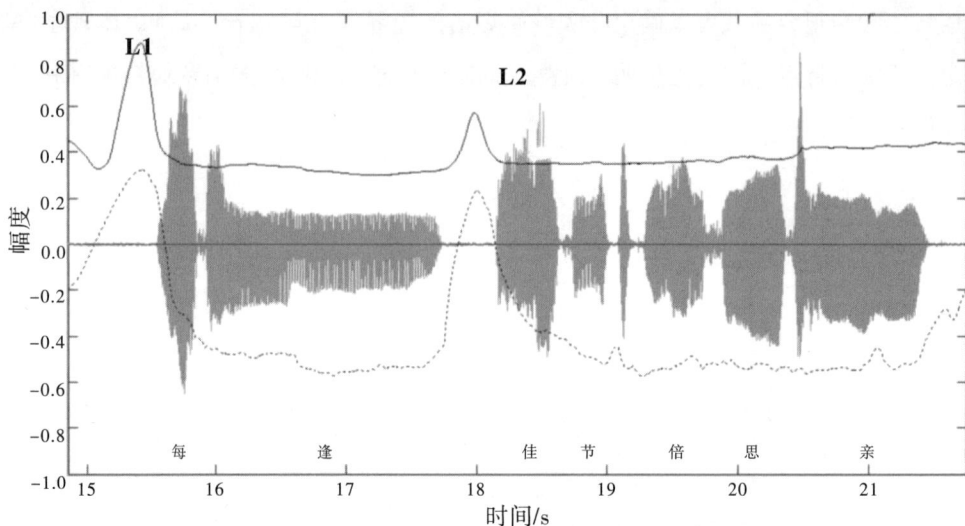

图 22　七言格律诗《九月九日忆山东兄弟》平起平收式胸腹呼吸与语音信号对比图

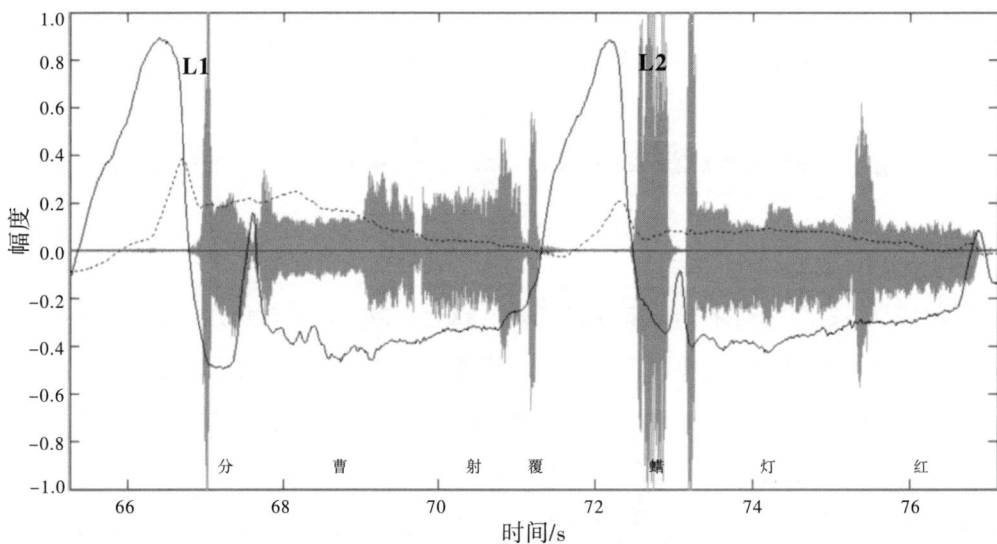

图 23　七言格律诗《无题（昨夜星辰昨夜风)》平起平收式胸腹呼吸与语音信号对比图

　　我们对三位发音人在吟诵七言格律诗时的一、二级胸腹呼吸的呼吸重置时长进行对比，如表 8 所示，发现三位发音人在呼吸重置时长上存在差异，这与三位发音人的发音方式和发音技巧有关。

表8 三位发音人吟诵七言格律诗时的一、二级呼吸重置时长 　　　单位：s

	gyx	xwg	czr
一级呼吸重置时长	3.64	3.75	6.39
二级呼吸重置时长	2.77	1.57	2.36

2.3.3　七言格律诗的粤语吟诵的呼吸韵律和语音韵律之间的对应规律

通过前文对不同平仄格式的七言格律诗粤语吟诵的呼吸重置及语音停延进行分析，我们发现呼吸韵律跟语音韵律之间存在比较明显的对应规律：

（1）七言格律诗粤语吟诵的呼吸重置可分为两个层级，一级呼吸重置在0.72上下分布，而二级呼吸重置在0.10上下分布，方差为0.129；而七言格律诗粤语吟诵的语音停延也主要分为最大语音停延和较大语音停延两类。

（2）一级呼吸重置主要跟七言格律诗小句的最大语音停延对应；二级呼吸重置则跟小句内的较大语音停延对应。

（3）粤语吟诵七言格律诗的语音韵律句和语音韵律短语与呼吸层面的呼吸韵律句和呼吸韵律短语是对应的。这里的韵律句和韵律短语既是声学上的，也是生理上的。

（4）由于平仄格式的不同，二级呼吸重置跟小句内较大语音停延的对应又有以下规律：平起平收式七言格律诗的二级呼吸重置和较大语音停延都出现在第二个音节位置上；其他平仄格式的七言格律诗的二级呼吸重置和较大语音停延都出现在第四个音节位置上。

综合利用呼吸重置和语音停延两方面的数据可以更好地帮助我们确定七言格律诗粤语吟诵的韵律边界：七言格律诗的小句独立构成一个韵律句，具体表现为句首存在一个明显的一级呼吸重置，句末存在一个最大语音停延；七言格律诗小句内存在一个韵律短语边界，具体表现为存在一个二级呼吸重置和一个较大的语音停延，其在吟诵中的具体表现为平起平收式的七言格律诗的韵律短语边界一般出现在第二个音节后；粤语吟诵其他平仄格式的七言格律诗时，其韵律短语边界往往都出现在第四个音节后面。

2.4　小　结

本章主要采用现代语音学的研究方法，通过对格律诗粤语吟诵的语音及胸腹呼吸信号进行分析，重点探究了五七言格律诗的粤语吟诵的语音和呼吸韵律特征，以及语音韵律和呼吸韵律之间的对应关系。

语音声学实验的结果表明：①用语音停延这个参数比单纯使用停顿来确定五七言近体诗的韵律层级效果更明显。②粤语吟诵五言格律诗四种平仄格式均在第五字的停延时长表现为最长，可作为韵律句的边界；其次是第二字，可作为语音韵律短语的边界。③粤语吟诵七言格律诗第七字上的停延时长表现为最长，可作为语音韵律句的划分依据；其次仄起仄收式和仄起平收式在第四字上的停延时间较长，可作为两个语音韵律短语之间的停顿；平起平收式则是在第二字上表现出句内最长停延，是语音韵律短语的边界所在；平起仄收式的语音韵律短语的划分边界在语音停延上的规律并不明显。④五七言格律诗奇偶句时长比较结果显示，奇数句最末字停延时长要比偶数句的短，五言格律诗的第一句最末字的停延时间要长于第三句的停延时间；第二句则要比第四句的最末字停延时长短。七言格律诗则是第一句的最末字停延时长要比第三句的最末字停延时长短；第四句的最末字停延时间要比第二句的最末字停延时间长。

基于语音生理的胸腹呼吸实验表明：①粤语吟诵五七言格律诗的一个小句基本对应一个呼吸韵律句，小句内部一般分为两个呼吸韵律短语。②粤语吟诵五七言近体诗的胸腹呼吸信号均分两级，在小句开始前存在一个一级呼吸重置，在小句内部则会出现一个二级呼吸重置，二级呼吸重置出现的位置跟格律诗的平仄格式有关。

把呼吸重置和语音停延对照来看，我们发现：①除了平起平收式，其他平仄格式的韵律短语在呼吸信号上的表现与语音停延上的表现一致；平起平收式中的韵律短语在语音停延和呼吸重置上的表现有时候并不一致，这是由发音人所受到的粤剧粤曲的影响而造成的。②综合利用呼吸重置和语音停延两方面的数据可以帮助我们更好地确定五七言格律诗粤语吟诵的韵律边界。③粤语吟诵五七言格律诗的语音韵律句和语音韵律短语与呼吸层面的呼吸韵律句和呼吸韵律短语是一一对应的。所以粤语吟诵格律诗的韵律句和韵律短语既是声学层面的，也是生理层面的。

3

词的粤语吟诵的语音及呼吸韵律研究

词作为一种文学体裁，是诗的别体，在南朝时期开始萌芽，隋唐开始逐渐兴起，直至宋朝，经过长期发展，达到全盛时期。词别名"长短句"或"曲子词"。词的格式繁多，句式参差不齐，声韵规定十分严格，在词最初产生之时，就有"由乐以定词"的规则，词的创作必须符合音律，依照曲谱进行填词。词牌是词的曲调的名称，不同的词牌在句子个数、每句字数、押韵和平仄上都有不同规定，必须严格遵守。由于词格式多，所以它的语音韵律较格律诗要复杂一些，吟诵时的节奏和呼吸富于变化。本书通过对词的粤语吟诵的呼吸韵律进行研究和分析，试找出词在吟诵时韵律层级与呼吸之间的对应关系。

3.1 概 说

采集语音信号、胸呼吸信号和腹呼吸信号之后，使用言语呼吸韵律分析平台进行分析，提取出语音、呼吸两类信号的参数。首先对语音信号进行标记，主要得到音节时长和停顿时长及二者相加得出的停延时长，把停顿时长和停延时长进行聚类分析，进而划分出韵律层级，用以将语音信号分为韵律句、韵律短语与音步和音节等。然后使用程序标记出胸呼吸和腹呼吸每个周期的吸气开始和呼气开始、结束的时间点，计算出胸腹呼吸的重置幅度、时长、斜率等参数数据。实验发现，音步层面的呼吸韵律规律不明显，现有数据无法提炼出关于音步呼吸韵律的有效信息，所以这里我们主要研究语音韵律短语及以上的韵律层级单位的划分等相关问题。

通过对语音信号和呼吸信号进行标记与数据提取，我们得到粤语吟诵词的语音及呼吸等相关数据。以《水调歌头·明月几时有》为例（如图 1 所示），我们整体地对词在吟诵时的基本规律进行观察。为消除发音人因擅长使用的发音方式不同而产生的差异，我们主要使用胸腹呼吸的叠加信号来进行统计分析。《水调歌头·明月几时有》可以划分为 17 个韵律句，韵律句一般情况下与词的小句对应，小句最前通常有一个一级呼吸重置，小句最末字往往是最大语音停延所在之处（三字句除外），如词中"明月几时有"就是一个韵律句；韵律短语和较大语音停延及二级呼吸重置之间的对应关系在六字句和七字句中体现得比较明显，在其他小句中则不明显；在音步方面，我们发现语音和呼吸的对应规律不明显，如"月有阴晴圆缺"中"月有阴晴"为一个语音韵律短语，可以划分为"月有"和"阴晴"两个音步，但在呼吸信号中，我们只能看到在"月有阴晴"这个语音韵律短语之前存在一个较大呼吸重置，而音步所对应的呼吸信号规律不明显。所以在研究词吟诵时，我们重点研究语音韵律短语及以上的韵律层级单位，语音韵律短语以下（音步和音节）的韵律层级单位语音和呼吸关系本书暂不讨论。

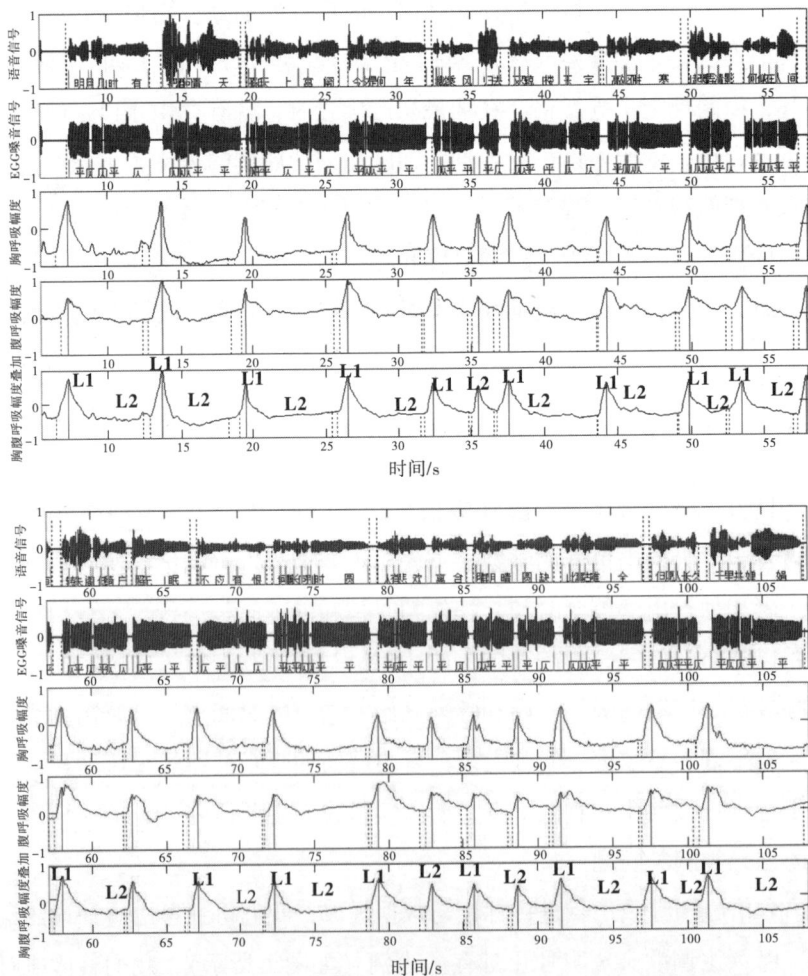

图1　词《水调歌头·明月几时有》在吟诵时语音和呼吸信号对照图

3.2　词的粤语吟诵的语音韵律研究

词的粤语吟诵的语音韵律层级可以分为四级：语音韵律句、语音韵律短语、音步和音节。每个韵律句由语音韵律短语组成，语音韵律短语又可划分为若干个音步，音步又由音节组成。

语音韵律句一般情况下与词的小句对应，小句最末字往往是最大语音停延所在之处（三字句除外），我们统计了三字句至七字句中所有小句的最末字停延，情况如表 1 所示。

表 1　词的小句最末字平均停延对照表　　　　　　　　　　单位：s

三字句最末字停延均值	四字句最末字停延均值	五字句最末字停延均值	六字句最末字停延均值	七字句最末字停延均值	四至七字句最末字停延平均值
1.46	2.38	2.57	2.17	2.25	2.34

词的三字句一般情况下并不能独立成为一个小句，这在三字句最末字的平均停延也有所体现，三字句的最末字停延均值只有 1.46s，远低于四、五、六、七字句 2.34s 的均值。

语音韵律短语和语音停延之间的对应关系在有些小句（六字句和七字句）中体现得比较明显，在有些小句（三字句、四字句和五字句）中则不明显，下面我们会以句式为单位展开具体的研究。音步及以下的韵律单位不是本书的关注重点，故不细加描述。

词又被称为"长短句"，因为其每句字数不定，句式长短不一，有长有短，参差错落。由于发音材料的限制，我们这里只对词的三字句式、四字句式、五字句式、六字句式及七字句式的语音韵律层级进行研究。

3.2.1　三字句式

本书从发音材料中找出所有的三字句式，对其停延时长进行聚类分析，得到以下结果，如图 2 所示。

统计数据显示，第一字的平均停延时长为 0.86s；第二字的平均停延时长为 0.76s；第三字的平均停延时长是三字中最长的，为 1.46s。前两字的停延时长差不多，所以暂时无法根据音节停延给三字句的内部划分韵律层级，第三字的停延属于较大的语音停延，因此只适合把三字句看作一个语音韵律短语。

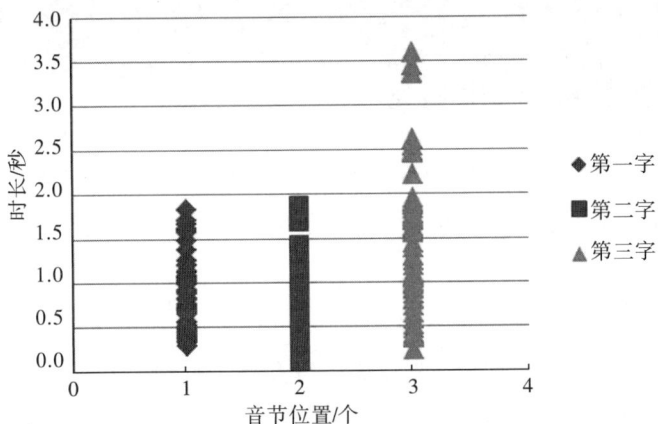

图2　三字句式的音节停延时长聚类分析图

3.2.2　四字句式

本书从发音材料中找出所有的四字句式，对其停延时长进行聚类分析，得到以下结果，如图3所示。统计数据表明，第一字的平均停延时长为0.63s；第二字的平均停延时长为1.05s；第三字的平均停延时长为0.96s；第四字的平均停延时长为四个字中最长的，为2.38s。句末音节属于最大语音停延，因此四字句可独立构成一个语音韵律句。四字句中第一个字的句末停延最短，故不可能为句内语音韵律短语的边界所在。第二字和第三字的句末停延时长接近，同样不能单独通过停延数据划分出语音韵律短语的边界，需要综合利用呼吸信号才能确定语音韵律短语的划分边界。

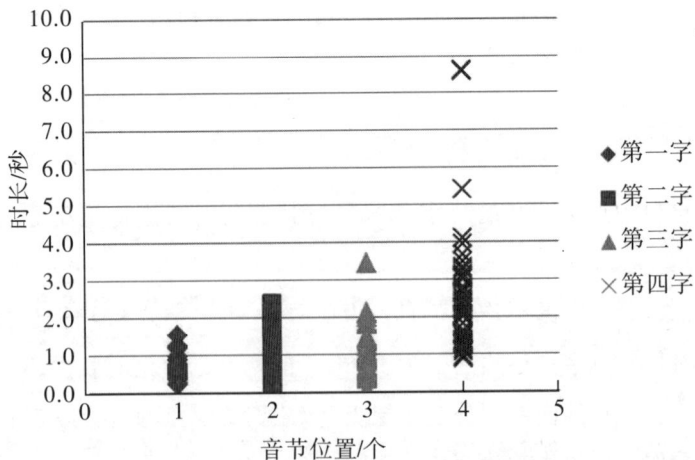

图3　四字句式的音节停延时长聚类分析图

3.2.3　五字句式

本书从发音材料中找出所有的五字句式，对其音节停延时长进行聚类分析，得到以下结果，如图 4 所示。

统计数据表明，第一字的平均停延时长为 0.69s；第二字的平均停延时长为 0.83s；第三字的平均停延时长为 0.93s；第四字的平均停延时长为 0.95s；第五字的平均停延时长为五个字中最长的，为 2.57s。第五字停延属于最大语音停延，因此五字句可独立构成语音韵律句。在五字句中，前四字的停延时长无明显规律，所以不能只根据语音停延数据划分出语音韵律短语的边界，同样需要我们从呼吸信号中寻找语音韵律短语划分的依据。

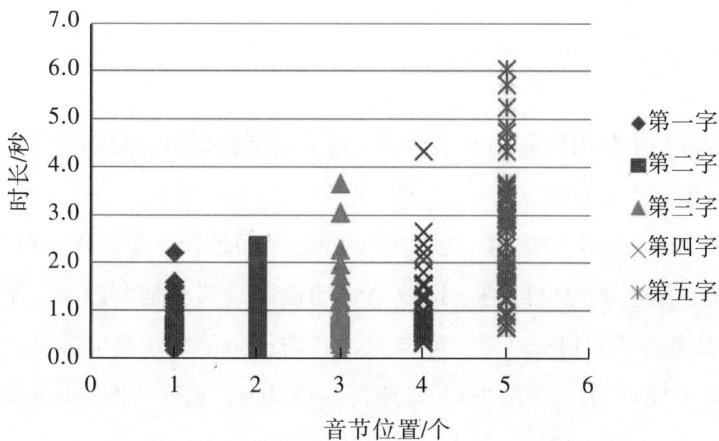

图 4　五字句式的音节停延时长聚类分析图

3.2.4　六字句式

本书从发音材料中找出所有的六字句式，对其音节停延时长进行聚类分析，得到以下结果，如图 5 所示。

统计数据表明，在六字句中第六字的语音停延时间最长，平均停延时长为 2.17s，属于最大语音停延，因此六字句可独立构成一个语音韵律句。其次是第四字，平均停延时长为 1.35s，远高于其余音节的句末停延时长，可作为语音韵律短语的边界。除此之外，第一字的平均停延时长为 0.50s，第二字的平均停延时长为 0.78s，第三字的平均停延时长为 0.55s，第五字的平均停延时长为 0.85s。

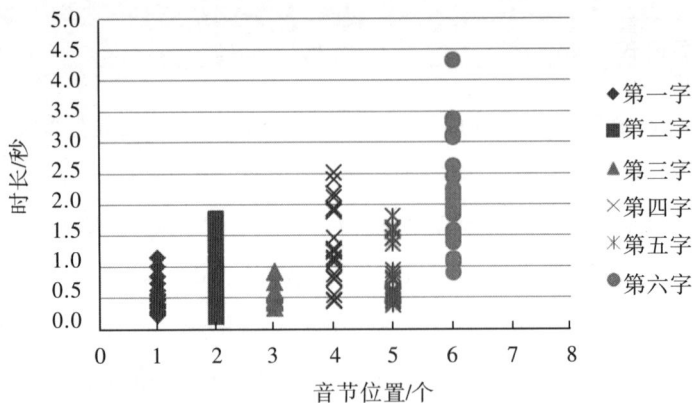

图5　六字句式的音节停延时长聚类分析图

3.2.5　七字句式

本书从发音材料中找出所有的七字句式，对其音节停延时长进行聚类分析，得到以下结果，如图6所示。

统计数据表明，在七字句中第七字的语音停延时间最长，平均停延时长为2.25s，属于最大语音停延，故七字句也可独立构成语音韵律句。其次是第四字，平均停延时长为1.22s，远高于其余音节的句末停延，可作为语音韵律短语的边界。除此之外，第一字的平均停延时长为0.58s，第二字的平均停延时长为1.05s，第三字的平均停延时长为0.61s，第五字的平均停延时长为0.86s，第六字的平均停延时长为0.96s。

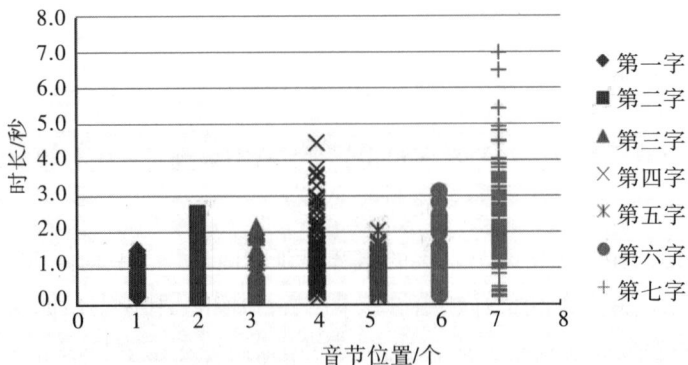

图6　七字句式的音节停延时长聚类分析图

通过对词的不同句式粤语吟诵的语音韵律进行分析，可以得到以下结论：①除了三字句外，其余小句都可以独立构成一个语音韵律句。②三字句、四字句和五字句内部的停延区分不够明显，需要利用呼吸信号才能对其韵律短语边界进行划分。③六字句和七字句的较大语音停延出现在第四字上，可作为语音韵律短语的边界。

3.3　词的粤语吟诵的呼吸与韵律关系研究

词的粤语吟诵的总的呼吸韵律特征为：在小句开始前多存在一个一级胸呼吸和腹呼吸的重置；在小句中的较大语音停延处通常都会对应一个二级呼吸重置。

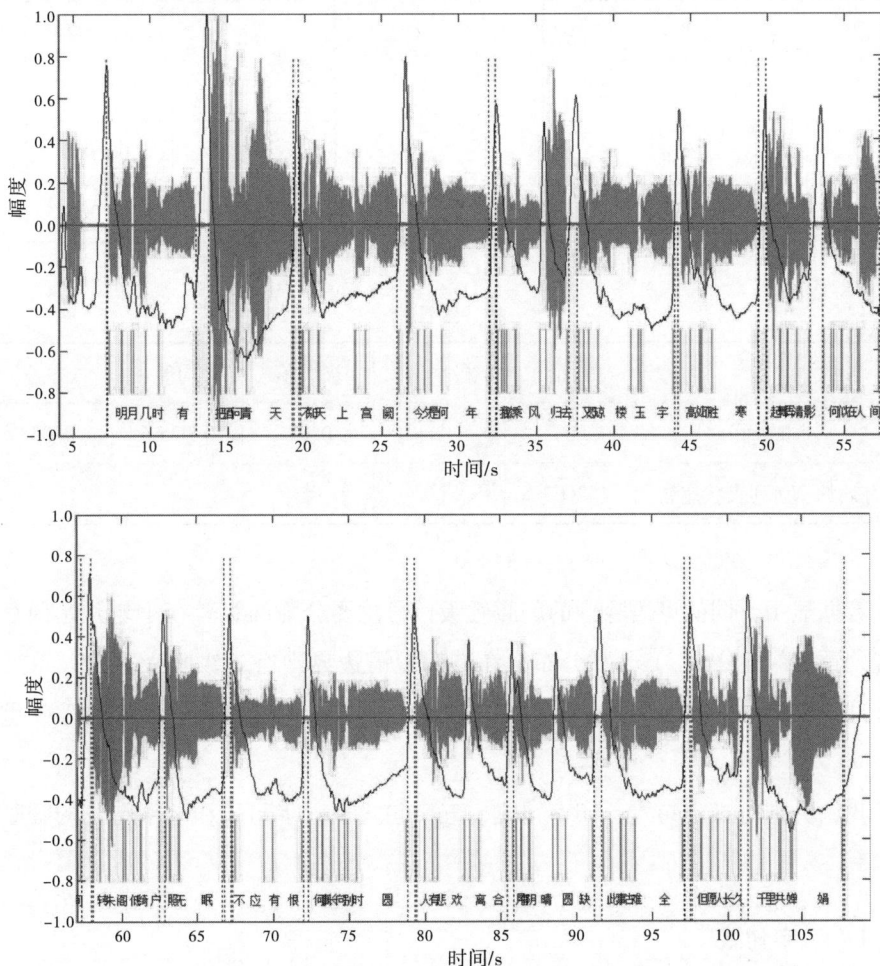

图 7　《水调歌头·明月几时有》胸腹呼吸叠加信号与语音信号关系图

这里我们以苏轼的《水调歌头·明月几时有》一词为例（如图 7 所示），分析整首词的呼吸韵律特征。这首词主要出现两个层级的呼吸重置：在整首词中的每个小句开始前大多存在一个一级胸呼吸和腹呼吸的重置，如"明月几时有""今夕是何年"等；在小句中的较大停延处多会对应一个二级呼吸重置，如"又恐琼楼"的后面。同时我们也发现，小于语音韵律短语的韵律单元（如音步和音节），其语音与呼吸信号之间的对应规律不明显。

为了证明上述词的粤语吟诵主要存在两级呼吸重置，我们对采录的词的所有胸腹呼吸叠加信号的呼气相进行聚类分析，得到以下结果，如表 2 所示。

表 2　词吟诵的胸腹呼吸叠加信号呼气相呼吸重置幅度聚类分析

最终聚类中心

	聚类	
	L1	L2
词吟诵	0.31	−0.09

每个聚类中的案例数

聚类	L1	84.000
	L2	116.000
有效		200.000
缺失		36.000

描述统计量

	数量	极小值	极大值	均值	方差
词吟诵	200	−0.40	0.92	0.075 6	0.058
有效的 N（列表状态）	200				

统计数据显示，词的粤语吟诵的胸腹呼吸信号主要分为两级。在小句开始前存在一级呼吸重置，重置幅度在 0.31 上下分布，在韵律短语边界则有二级呼吸重置，重置幅度在 −0.09 上下分布。方差为 0.058，浮动变化较小，能够准确表现出一、二级呼吸重置的大致浮动空间。

下面我们分别对三字句式、四字句式、五字句式、六字句式和七字句式的呼吸韵律进行分析。

3.3.1　三字句式

除了个别情况，词的三字句式一般不能单独构成一个呼吸韵律句，通常需要跟其他句式一起才能构成一个完整的呼吸韵律句。

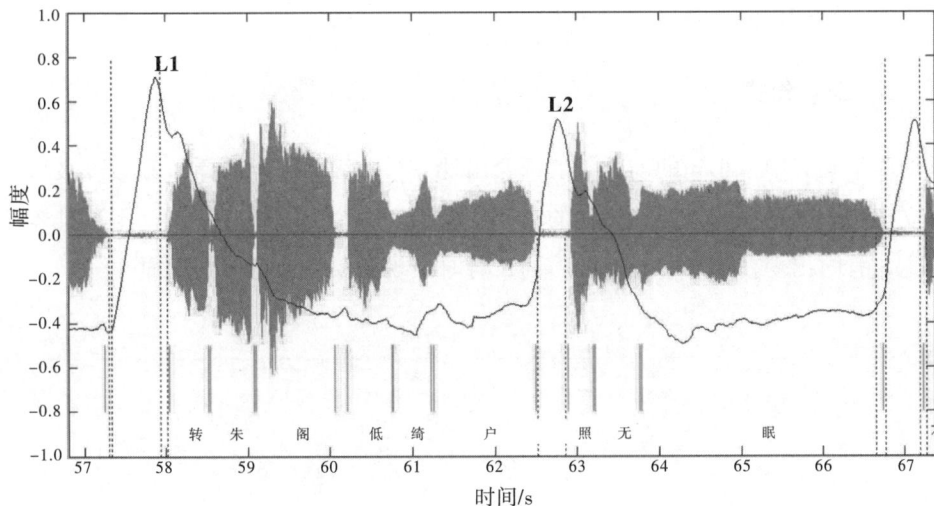

图8 词《水调歌头·明月几时有》三字句式的粤语吟诵胸腹呼吸叠加图

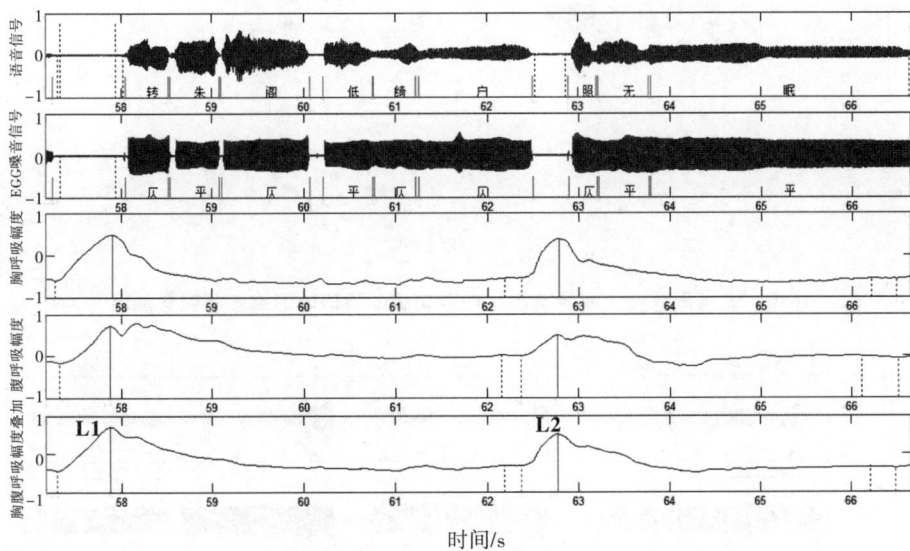

图9 词《水调歌头·明月几时有》三字句式的粤语吟诵语音呼吸对照图

以词《水调歌头·明月几时有》中的三字句"转朱阁，低绮户，照无眠"为例（如图8所示），我们发现这三个三字句合在一起才构成一个呼吸韵律句，在"转朱阁"之前有一个一级胸腹呼吸重置。这一呼吸韵律句的胸呼吸呼气相时长为7.71s，呼气相斜率平均为-0.151；腹呼吸呼气相时长为7.62s，呼气相斜率平均为-0.156。通过图9我们发现，胸腹呼吸信号均早于语音信号开始时间，结束时间大体与语音信号一致。在"转朱阁，低绮户"的后面和"照无眠"的前面出现了一个二级呼吸重置，可作为呼吸韵律短语的边界，分别构成两个呼吸韵律短语。

3.3.2　四字句式

词的四字句式中，小句的前面一般都会出现一个一级的胸呼吸重置和腹呼吸重置，故可以独立构成一个呼吸韵律句；小句的内部也会出现一个二级呼吸重置，不过具体的位置却不固定，有时出现在第二个音节的后面，有时出现在第一个音节的后面。

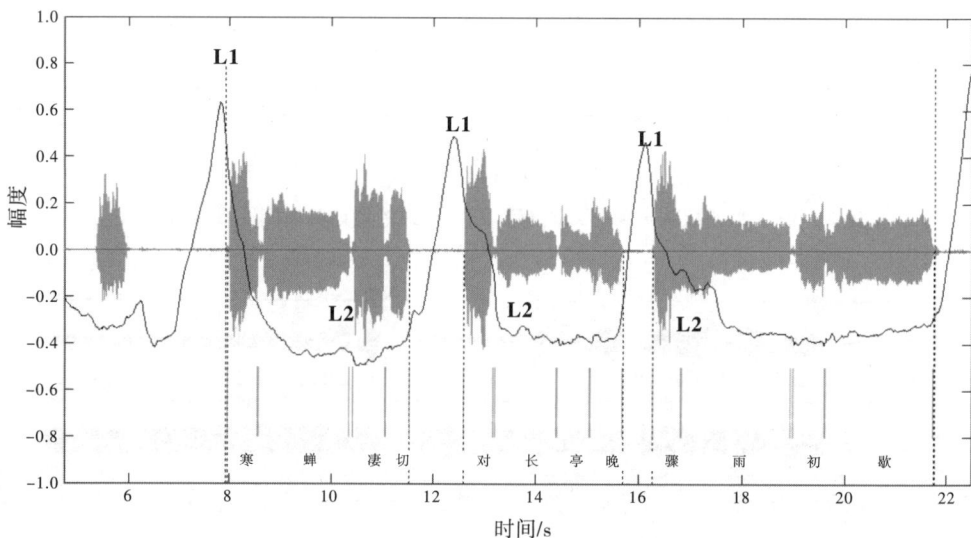

图10　词《雨霖铃·寒蝉凄切》四字句式的粤语吟诵胸腹呼吸叠加图

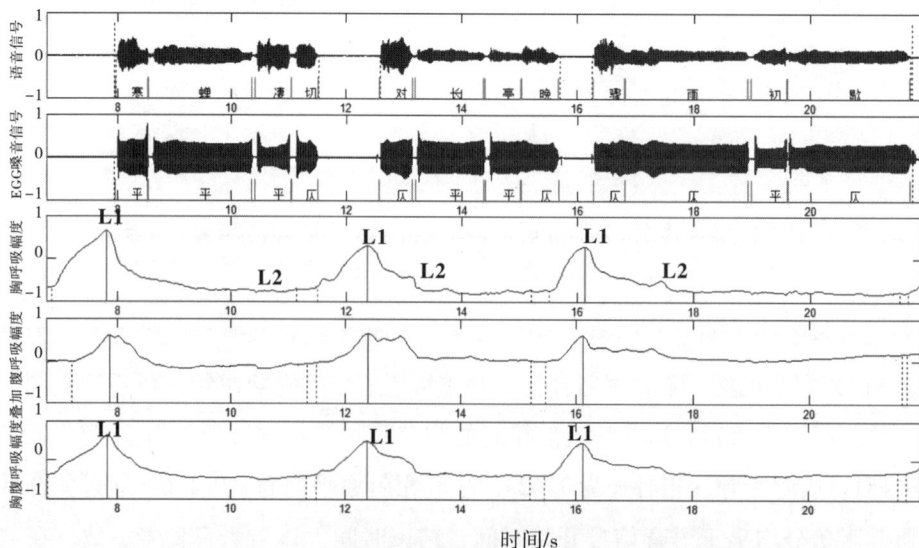

图11　词《雨霖铃·寒蝉凄切》四字句式的粤语吟诵语音呼吸对照图

以词《雨霖铃·寒蝉凄切》中的四字句"寒蝉凄切，对长亭晚，骤雨初歇"为例（如图 10 和图 11 所示），这三个四字句中的每一个四字句前面都有一个一级胸腹呼吸重置，且四字句之间都有一个最大的语音停延，说明每个四字句都可以单独构成一个呼吸韵律句。每个四字句内部都存在一个二级呼吸重置，但是第一个四字句的二级呼吸重置出现在第二个音节"蝉"的后面；而第二个和第三个四字句的二级呼吸重置都出现在第一个音节的后面（分别出现在"对"和"骤"的后面）。说明四字句的呼吸韵律短语边界不是固定的，跟词的平仄、句法语义以及发音人对作品的理解和处理都有一定的关系。

3.3.3　五字句式

粤语吟诵古典词的五字句时，在五字句开始前一般都会出现一个一级胸呼吸重置和一级腹呼吸重置，且五字句的最末字一般都是最大语音停延所在，所以一个五字句一般都是一个独立的呼吸韵律句。在五字句中一般都会出现一个二级呼吸重置，但是二级呼吸重置在五字句中的位置不是固定的，会受到词句本身的平仄格式以及发音人的吟诵习惯等多种因素的影响。

以词《水调歌头·明月几时有》中的五字句"明月几时有"为例，这个五字句前面存在一个一级胸腹呼吸重置，胸腹呼吸的一级重置幅度分别为 0.74 和 0.55（如图 12 所示），因此该五字句同时也是一个韵律句。在"明月"之后存在一个二级胸腹呼吸重置，可作为该句的语音韵律短语的划分边界，其胸腹呼吸的重置幅度分别为 0.21 和 0.13。

但并不是所有的五字句均在第二字上存在语音韵律短语的划分边界。如《水调歌头·明月几时有》中的末句"千里共婵娟"也是个五字句（如图 13 所示），在"千里共婵娟"开始时存在一个一级胸腹呼吸重置，其重置幅度分别为 0.43 和 0.59，说明它也是一个独立的呼吸韵律句。但此句的二级呼吸重置落在了第一个字"婵"的后面，明显跟发音人吟诵时的个人爱好和处理有关。

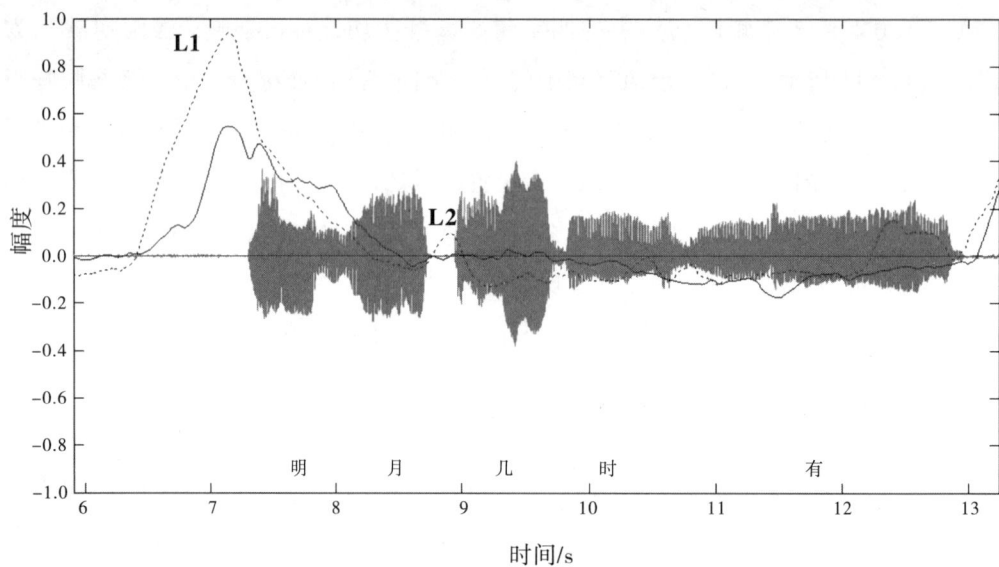

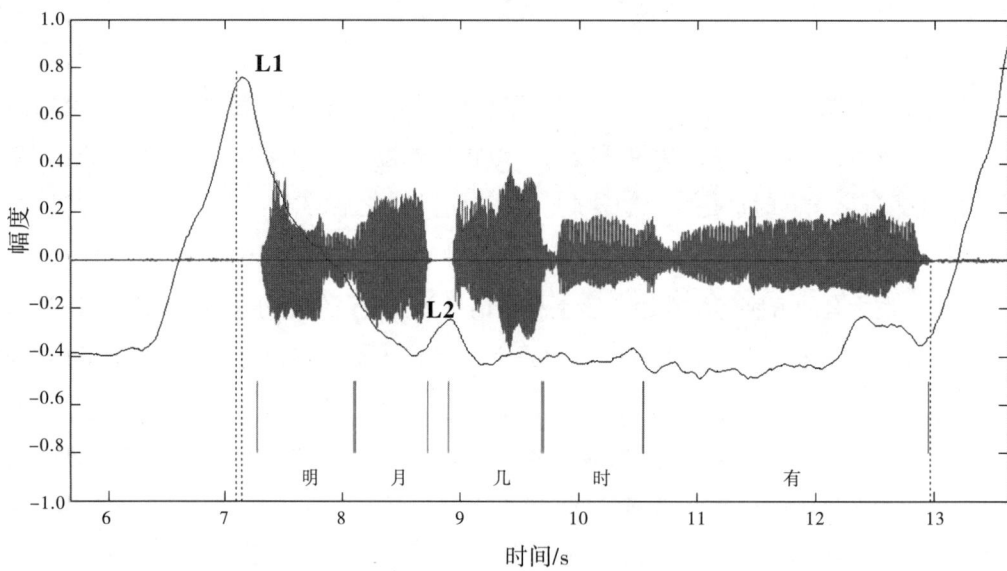

图 12 词《水调歌头·明月几时有》五字句式"明月几时有"粤语吟诵胸腹呼吸与语音信号对比及叠加图

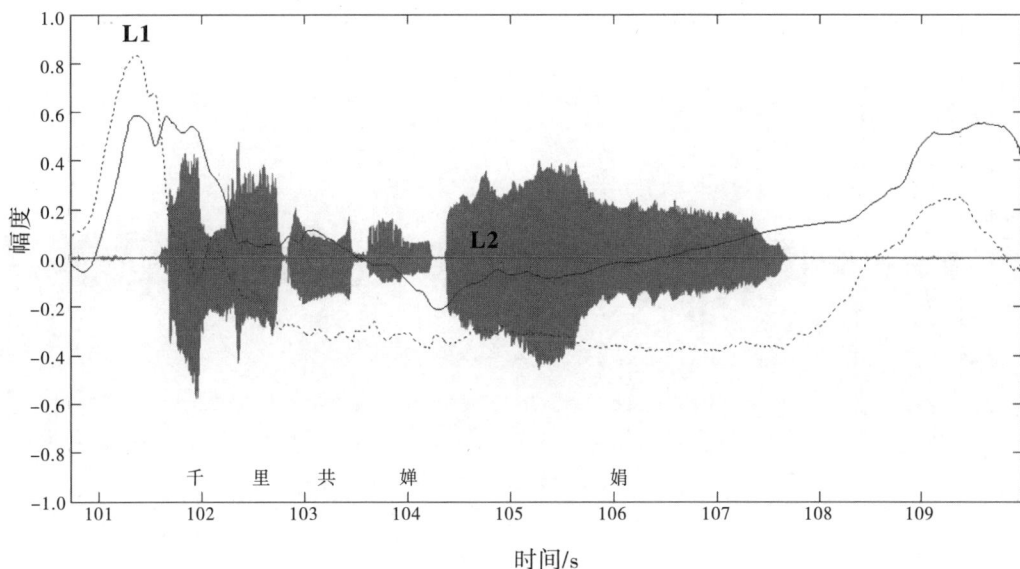

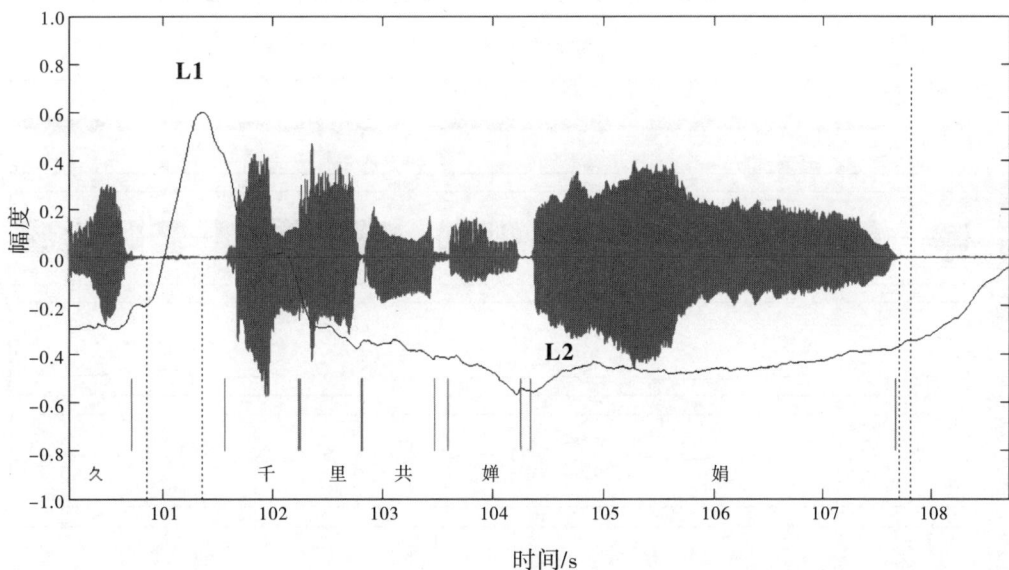

图 13　词《水调歌头·明月几时有》五字句式"千里共婵娟"粤语吟诵胸腹呼吸与语音信号对比及叠加图

3.3.4　六字句式

在词的六字句式粤语吟诵中，在六字句开始前都存在一个一级胸腹呼吸重置；在小句中都存在一个二级胸腹呼吸重置，且常出现在第四字末。换句话说，一级呼吸重置通常出现在六字句的句首，二级呼吸重置一般出现在六字句的第四个音节之后，第五个音节之前。

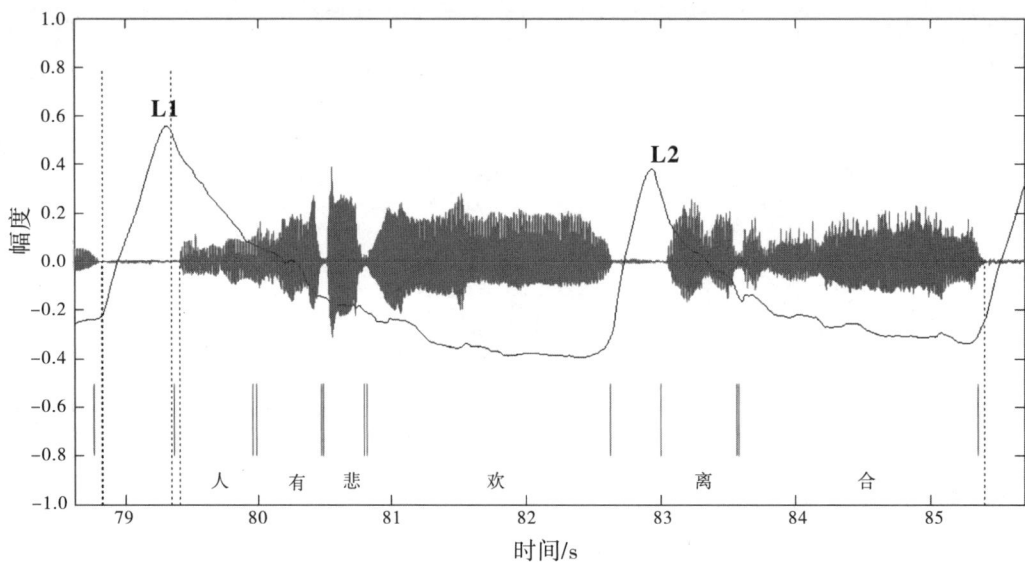

图14　词《水调歌头·明月几时有》六字句式的粤语吟诵胸腹呼吸叠加图

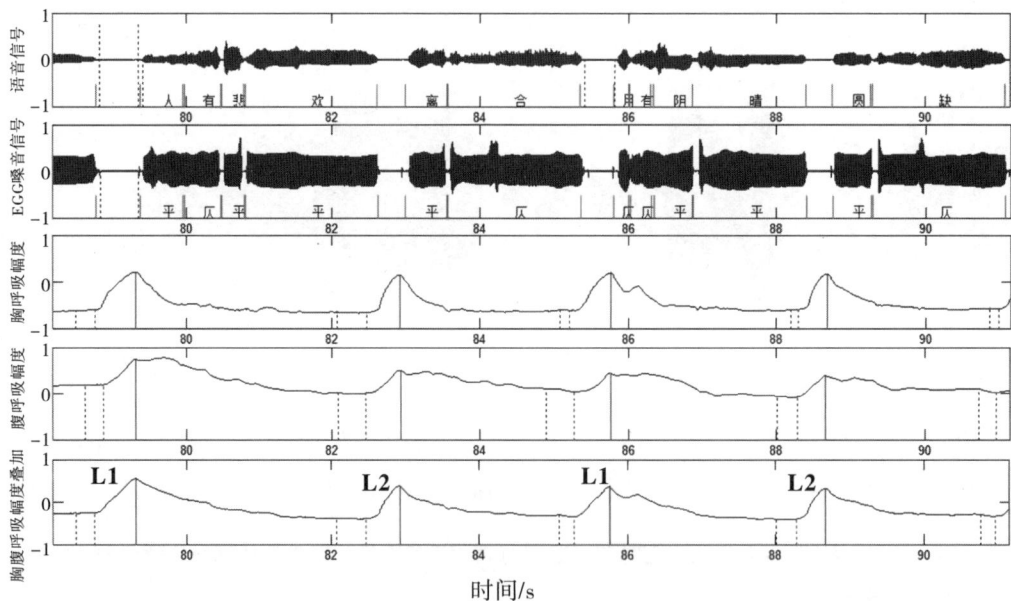

图15　词《水调歌头·明月几时有》六字句式的粤语吟诵语音呼吸对照图

在词《水调歌头·明月几时有》中，"人有悲欢离合"和"月有阴晴圆缺"各构成了一个呼吸韵律句（如图14和图15所示），我们可以看到在每个小句开始之前都存在着一个一级胸腹呼吸重置，小句中间都存在一个二级呼吸重置。如"人有悲欢离合"这句，其胸呼吸的一级呼气相幅度为0.20，斜率为 - 0.19，胸呼吸的二级呼气相幅度为0.14；腹呼吸的一级呼吸重置的呼气相幅度为 0.74，斜率为 -0.33，腹呼吸的二级呼吸重置的呼气相幅度为 0.50，斜率为 -0.21；这句呼吸韵律句的胸呼吸呼气相时长为 4.92s，腹呼吸的呼气相相对时长为 4.75s。"月有阴晴圆缺"这句，其胸呼吸一级呼吸重置的呼气相幅度为 0.18，二级呼吸重置的呼气相幅度为 0.16；腹呼吸一级呼吸重置的呼气相幅度为 0.46，二级呼吸重置的呼气相幅度为 0.39；这句呼吸韵律句的胸呼吸呼气相时长为 4.64s，腹呼吸的呼气相相对时长为 4.33s。六字句式词吟诵的胸腹呼吸信号均早于语音信号开始时间，结束时间大体与语音信号一致。所以，"人有悲欢离合"和"月有阴晴圆缺"是两个呼吸韵律句，在第四字后都存在一个二级呼吸重置，作为呼吸韵律短语的边界。

3.3.5 七字句式

在词的七字句式粤语吟诵中，在七字句开始前存在一个一级胸腹呼吸重置；在七字句中间存在一个二级胸腹呼吸重置，一般都出现在第四个音节的后面，第五个音节的前面。

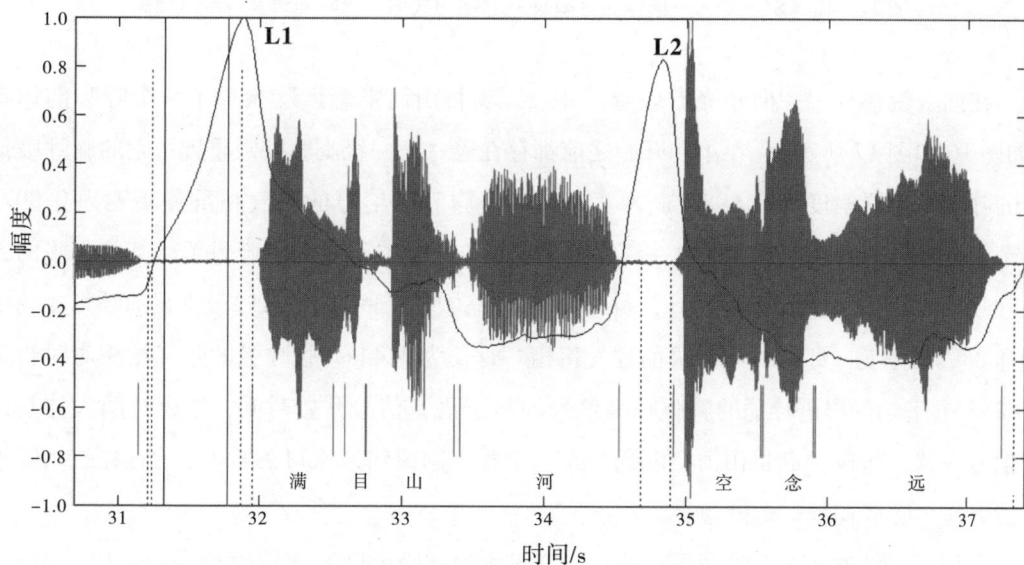

图 16 词《浣溪沙·一向年光有限身》七字句式的粤语吟诵胸腹呼吸叠加图

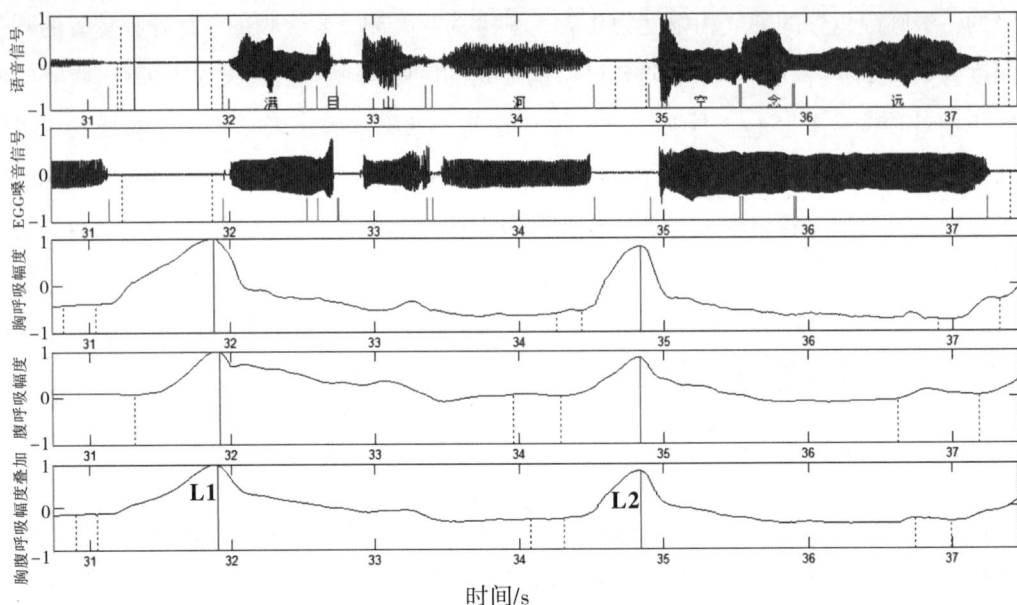

图 17 词《浣溪沙·一向年光有限身》七字句式的粤语吟诵语音呼吸对照图

在词《浣溪沙·一向年光有限身》中，"满目山河空念远"构成了一个呼吸韵律句（如图 16 和图 17 所示），在小句开始之前都存在着一个一级胸腹呼吸重置：它的胸呼吸信号的呼气相重置幅度为 0.998，斜率为 -0.42；腹呼吸信号的呼气相重置幅度为 0.997，斜率为 -0.44。在小句中存在比一级呼吸重置小一点的二级胸腹呼吸重置，其胸呼吸的二级呼吸重置的呼气相幅度为 0.81，斜率为 -0.38；其腹呼吸的二级呼吸重置的呼气相幅度为 0.85，斜率为 -0.37；胸呼吸的呼气相相对时长为 4.44s，腹呼吸的呼气相相对时长为 3.82s。七字句的粤语吟诵的胸腹呼吸信号均早于语音信号开始时间，结束时间大体与语音信号一致。所以"满目山河空念远"是一个呼吸韵律句，该句在第四字后存在二级呼吸重置，作为呼吸韵律短语的边界。

我们对三位发音人在吟诵词时的一、二级胸腹呼吸的呼吸重置时长进行对比，如表 3 所示，发现三位发音人在呼吸重置时长上存在差异，这与三位发音人的发音方式和发音技巧有关。

表 3　三位发音人吟诵词时的一、二级呼吸重置时长　　　　　　单位：s

	gyx	xwg	czr
一级呼吸重置时长	3.89	3.48	6.30
二级呼吸重置时长	2.12	1.73	2.86

3.4　词的粤语吟诵的呼吸韵律和语音韵律之间的对应规律

通过前文对词的不同长短句式的粤语吟诵的语音韵律及呼吸韵律进行分析后，我们发现呼吸韵律跟语音韵律之间存在比较明显的对应规律：

（1）一首词的粤语吟诵的胸腹呼吸信号一般均分为两级，在小句开始前一般都存在一级呼吸重置（三字句除外），重置幅度在 0.31 上下分布，在小句内部则有一个二级呼吸重置，重置幅度在 −0.09 上下分布。方差为 0.058，浮动变化较小。根据语音停延可以把粤语吟诵词的语音韵律分为两个层级——最大语音停延和较大语音停延，前者多出现在小句末（三字句除外），后者多出现在小句中间。一级呼吸重置和最大语音停延之间存在很强的对应关系，二级呼吸重置和较大语音停延之间的对应关系也比较明显。

（2）三字句一般不能单独形成一个呼吸韵律句，通常要跟其他句式一起才能构成一个完整的呼吸韵律句。

（3）四字句和五字句都可以独立构成一个韵律句（语音韵律句兼呼吸韵律句），句末都存在一个最大的语音停延，句首都有一个一级呼吸重置。四字句和五字句内部的韵律短语边界不固定，这跟词内部本身的平仄格式、发音人的个体差异有很大的关系。

（4）六字句和七字句都可独立成为语音或呼吸韵律句，句首一般都会出现一个一级呼吸重置，句末会出现一个最大的语音停延。句内的较大语音停延通常会出现在第四个音节末，同时对应一个二级呼吸重置。

（5）词的粤语吟诵的语音韵律句和语音韵律短语与呼吸层面的呼吸韵律句和呼吸韵律短语基本上都是一一对应的。这里的韵律句和韵律短语既是声学上的，也是生理上的。

◇ 4 ◇

格律诗词的粤语朗读的语音及呼吸韵律研究

　　粤语朗读的呼吸韵律的研究是粤语呼吸韵律研究的重要组成部分。本章采用现代语音学的研究方法，通过同步采集粤语朗读语音及呼吸信号，对格律诗词的粤语朗读语音及呼吸韵律进行研究，揭示粤语朗读的语音呼吸规律及其与韵律层级的关系。

　　本章主要对五、七言近体诗歌与词的朗读进行研究。我们首先使用言语呼吸韵律分析平台对语音信号进行标记，标记出语音时长和停顿时长，并主要根据音节时长和停顿时长相加得出的停延时长来划分韵律边界的层级，将语音信号分为语音韵律段、语音韵律句、语音韵律短语和音节等，并输出各个韵律单位的时长、韵律边界的时长、振幅等参数。然后使用程序标记出胸呼吸和腹呼吸每个周期的吸气开始和呼气开始、结束的时间点，计算出胸腹呼吸的重置幅度、时长、斜率等参数数据。实验发现，音步层面的呼吸韵律规律不明显，现有数据无法提炼出关于音步呼吸韵律的有效信息，所以这里我们主要研究韵律短语及以上的韵律层级单位的划分。

4.1　五言格律诗的粤语朗读的语音和呼吸韵律研究

　　通过对语音信号和呼吸信号进行标记，我们得到粤语朗读五言格律诗的语音和呼吸相关的数据。以《春望》为例，我们整体地对五言格律诗在朗读时的基本规律进行观察。为消除发音人因擅长使用的发音方式不同而产生的差异，我们主要使用胸腹呼吸的叠加信号来进行统计分析。如图1所示，《春望》可以划分为8个语音韵律句，五言格律诗的每一个小句基本对应一个语音韵律句，每个语音韵律句在第五字上存在最长停延，与呼吸信号上的最大呼吸重置相对应；每个语音韵律句又可以划分为2个语音韵律短语，语音韵律短语的停延规律因平仄的不同而表现出不同特点。在音步方面，我们发现语音和呼吸的对应规律不够明显，如"城春草木深"中"草木深"为一个语音韵律短语，可以划分为"草木"和"深"两个音步，但在呼吸信号中，我们只能看到在"草木深"这个语音韵律短语之前存在一个较为清晰的呼吸重置，而音步所对应的呼吸信号规律不明显。所以在研究五言格律诗朗读时，我们重点研究语音韵律短语及以上的语音韵律层级单位，语音韵律短语以下（音步和音节）的对应规律我们观察不到。

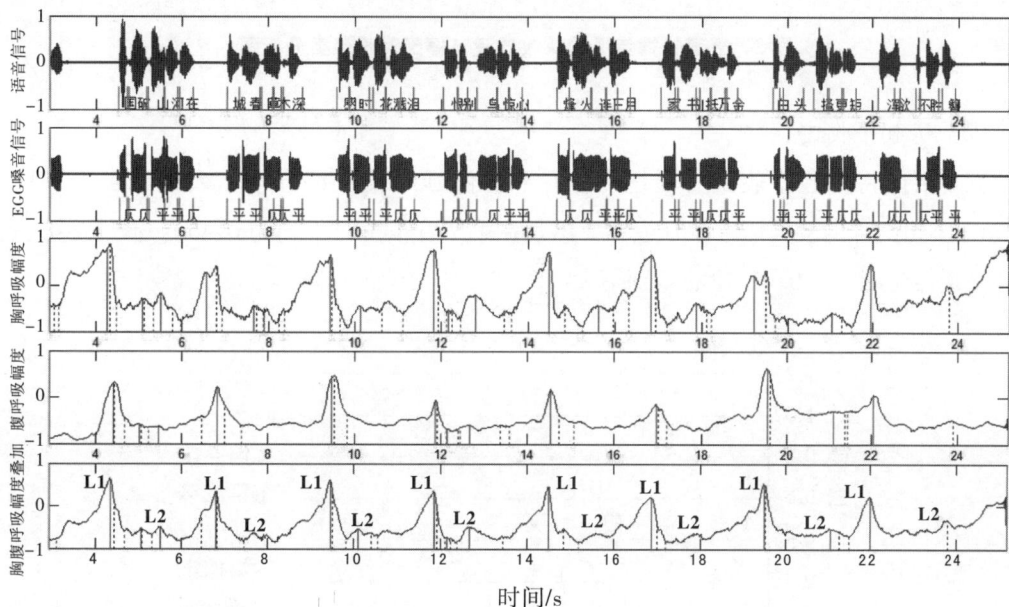

图1 五言格律诗《春望》在朗读时语音和呼吸信号对照图

注：平仄结构为仄仄平平仄，平平仄仄平。平平平仄仄，仄仄仄平平。仄仄平平仄，平平仄仄平。平平平仄仄，仄仄仄平平。

4.1.1 五言格律诗的粤语朗读的语音韵律研究

五言格律诗根据首句的表现主要有四种平仄格式：仄起仄收式（仄仄平平仄）、仄起平收式（仄仄仄平平）、平起平收式（平平仄仄平）、平起仄收式（平平平仄仄）。其中圈内字可平可仄。五言格律诗四种平仄格式各个音节的停延时长聚类分析如图2至图5所示。

（1）仄起仄收式。

五言格律诗仄起仄收式（见图2）音节的停延时长在第五字上表现最长，平均为0.96s；小句内部的较大语音停延出现在第二个音节上，平均为0.50s。

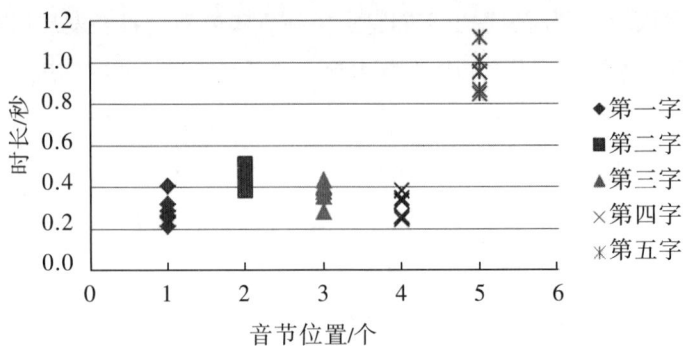

图 2　五言格律诗仄起仄收式音节停延时长聚类分析图

（2）仄起平收式。

五言格律诗仄起平收式（见图 3）音节的停延时长在第五字上表现最长，平均为 1.07s；小句内部的较大语音停延也主要出现在第二音节上，平均为 0.46s，不过跟第三音节的平均停延时长（0.41s）的差别不大。

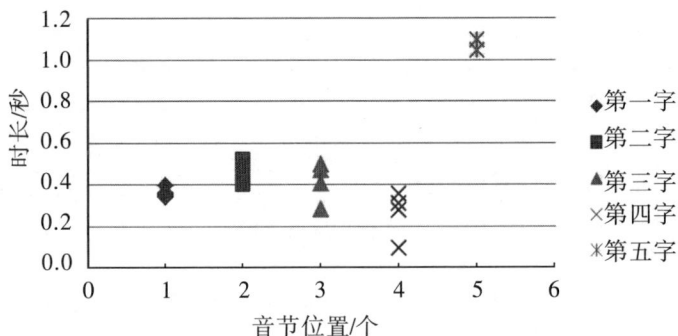

图 3　五言格律诗仄起平收式音节停延时长聚类分析图

（3）平起平收式。

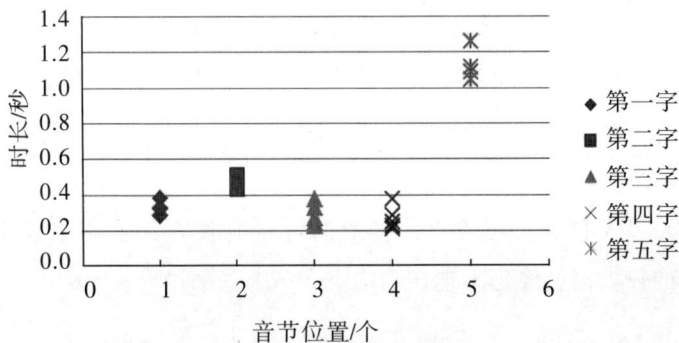

图 4　五言格律诗平起平收式音节停延时长聚类分析图

五言格律诗平起平收式（见图4）音节的停延时长在第五字上表现最长，平均为1.13s；小句内部的较大语音停延主要出现在第二个音节位置上，平均为0.48s。

（4）平起仄收式。

五言格律诗平起仄收式（见图5）音节的停延时长在第五字上表现最长，平均为0.93s；小句内部的较大语音停延出现在第二个音节上，平均为0.57s。

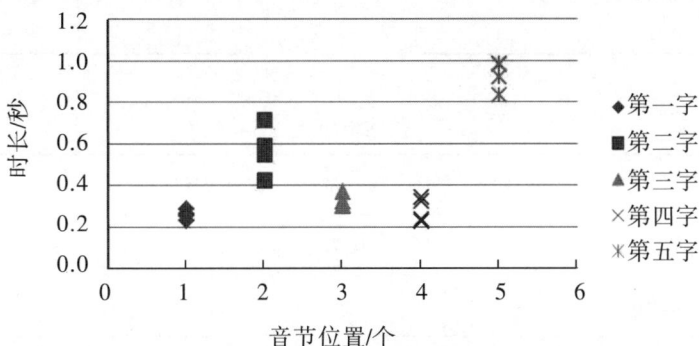

图5　五言格律诗平起仄收式音节停延时长聚类分析图

综上五言格律诗四种平仄格式可以看出，在五言格律诗粤语朗读中，第五字上的停延时长表现为最长，可作为语音韵律句的划分依据。仄起仄收式的第二字、平起仄收式的第二字和平起平收式的第二字的停延时长都比较长，可作为语音韵律短语的边界；而仄起平收式小句内部的较大停延规律不是特别明显，这对我们确定语音韵律短语的边界有一定的困难，需要我们利用呼吸韵律的规律来综合判断。

4.1.2　五言格律诗的粤语朗读的呼吸韵律研究

五言诗粤语朗读的呼吸韵律总的特征为：五言格律诗粤语朗读的两个小句大致对应一个一级呼吸重置（L1），两个小句之间对应一个二级呼吸重置（L2），小句中的韵律短语对应三级呼吸重置（L3）。如表1所示，五言格律诗的一级呼吸重置幅度在0.69上下分布，二级呼吸重置则在0.28上下分布，三级呼吸重置在－0.49上下分布。方差为0.218。在这里需要特别强调的是：呼吸韵律层级与语音韵律层级并不对应，五言格律诗粤语朗读的语音韵律句对应一个小句，在第五字上存在最长停延，作为语音韵律句的划分边界。而两个呼吸韵律句对应一个一级呼吸重置，一个呼吸韵律句对应一个二级呼吸重置，这里的语音韵律句与呼吸韵律句是不相同的；五言格律诗粤语朗读的语音韵律短语对应小句中的较大停延，作为语音韵律短语的划分边界，但五言格律诗朗读的呼吸韵律短语则对应的是三级呼吸重置。

表1 五言格律诗朗读的胸腹呼吸叠加信号呼气相呼吸重置幅度聚类分析

最终聚类中心

	聚类		
	L1	L2	L3
五言格律诗朗读	0.69	0.28	−0.49

每个聚类中的案例数

聚类	L1	9.000
	L2	16.000
	L3	9.000
有效		34.000
缺失		0.000

描述统计量

	数量	极小值	极大值	均值	方差
五言格律诗朗读	34	−0.72	0.92	0.183 9	0.218
有效的 N（列表状态）	34				

同时，我们还发现呼吸信号与韵律之间的对应关系，一般只能对应到韵律短语层面，关于韵律词及以下的韵律单位之间的关系，本书的数据观察不到。

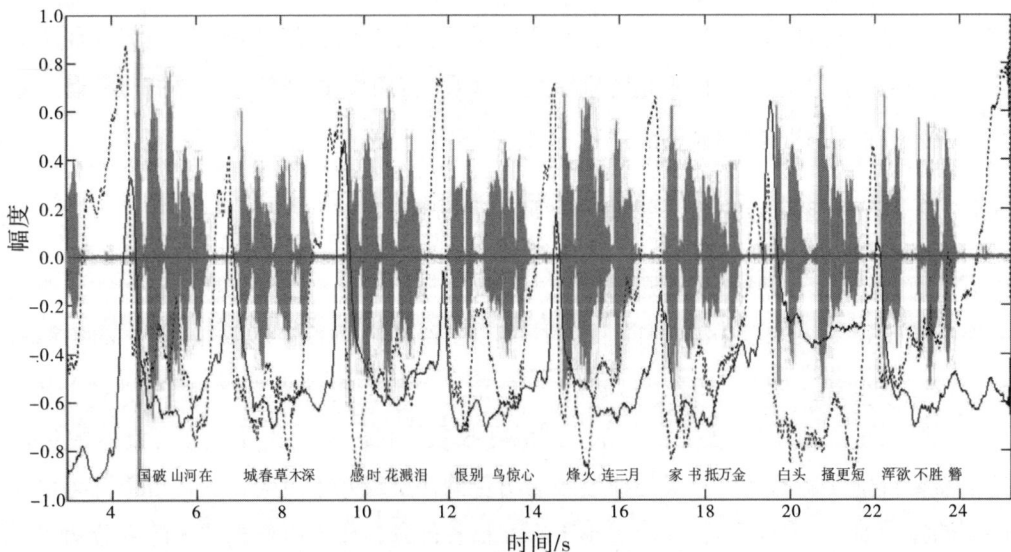

图6 五言格律诗《春望》粤语朗读胸腹呼吸叠加图

注：（1）图中文字：国破山河在，城春草木深。感时花溅泪，恨别鸟惊心。烽火连三月，家书抵万金。白头搔更短，浑欲不胜簪。

（2）平仄结构：仄仄平平仄，平平仄仄平。平平平仄仄，仄仄仄平平。仄仄平平仄，平平仄仄平。平平平仄仄，仄仄仄平平。

　　如图 6 所示，两个小句前有一个一级胸呼吸重置和一个一级腹呼吸重置，在第二个小句前存在二级胸腹呼吸重置。在每个小句中存在三级呼吸重置，作为呼吸韵律短语的划分边界。胸呼吸的呼气相的平均时长为 0.32s，斜率为 −1.32，腹呼吸呼气相的平均时长为 0.34s，斜率为 −0.83。胸腹呼吸重置开始的时间都要早于语音信号的时间，结束时间和语音信号结束时间基本一致。在这里我们观察到，胸呼吸信号要早于腹呼吸信号的产生，约早 0.06s。同时我们发现，在语音层面，语音韵律句对应五言格律诗的一个小句，小句末尾存在最大停延，这个小句中存在语音韵律短语的划分边界，对应小句内的较大停延。这与呼吸层面的一、二、三级呼吸重置并不对应。在呼吸层面，两个小句对应一个一级呼吸重置，二级呼吸重置对应第二个小句，三级呼吸重置则对应小句中的呼吸韵律短语。这说明语音韵律和呼吸韵律并不是一一对应的。

　　下面我们分析不同平仄格式下五言格律诗朗读时的呼吸韵律的对应关系。为了突出不同发音人擅长的发音方法，我们对胸呼吸和腹呼吸所体现出的规律进行详细说明。

　　（1）仄起仄收式。

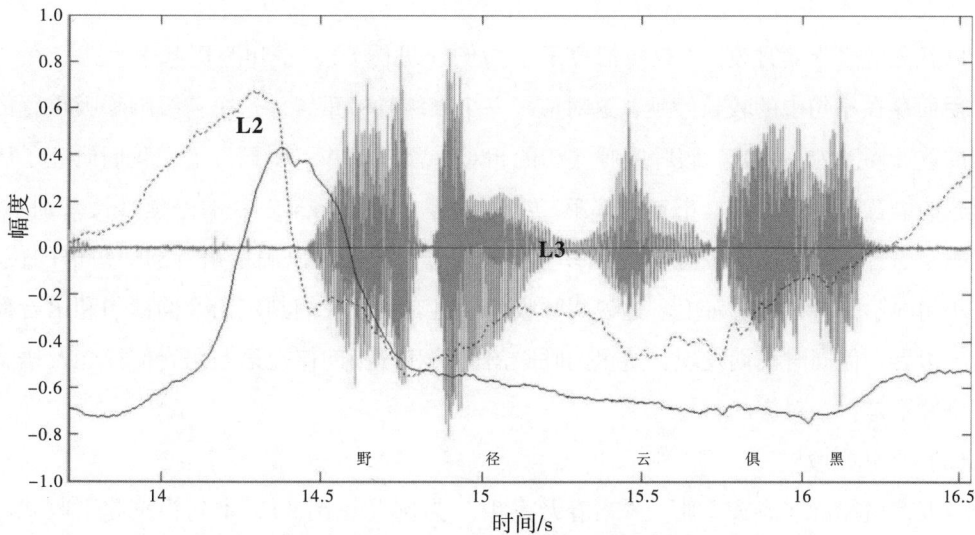

图 7　五言格律诗《春夜喜雨》粤语朗读仄起仄收式胸腹呼吸叠加图

　　以五言格律诗《春夜喜雨》"野径云俱黑"为例（见图 7），本句为仄起仄收式，在"野径"之后存在一个三级胸呼吸重置，呼气相的重置幅度为 −0.24，腹呼吸在这里的抖动并不明显，这是由于该发音人擅长胸呼吸的发音形式。这个三级胸呼吸刚好处于第二字之后的位置，与前文研究的语音停延的位置一致。但同时我们发现，这里的呼吸韵律句和呼吸韵律短语与语音韵律句及语音韵律短语并不是一一对应的。

（2）仄起平收式。

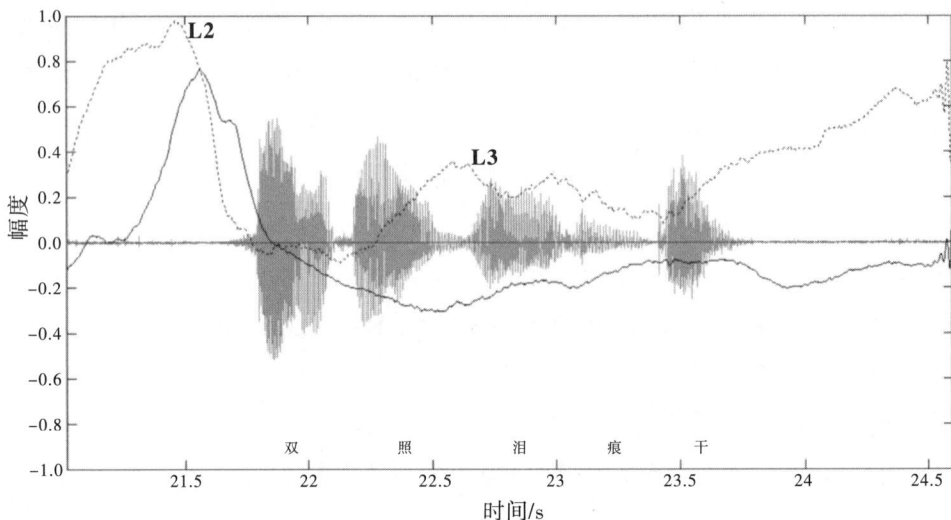

图8　五言格律诗《月夜》粤语朗读仄起平收式胸腹呼吸叠加图

以五言格律诗《月夜》"双照泪痕干"为例（见图8），本句为仄起平收式。在"双照"后面存在小句中的较长停延，这对应了一个三级呼吸重置。这个三级胸呼吸重置的呼气相的重置幅度为 -0.03，腹呼吸呼气相的相对重置幅度并不明显。上文我们研究了仄起平收式的语音停延后得知，小句内部第二字后的停延时长与第三字的停延时长差别不大，难以确定语音韵律短语的位置。根据参考呼吸信号，我们可以确定语音韵律短语的位置，就在小句内第二个音节位置上。这说明呼吸信号更有利于我们判定语音韵律句和语音韵律短语的边界，但同时我们发现，这里的呼吸韵律句和呼吸韵律短语与语音韵律句及语音韵律短语并不是一一对应的。

（3）平起平收式。

以五言格律诗《春夜喜雨》"当春乃发生"为例（见图9），本句为平起平收式。在"当春"后存在一个三级胸呼吸重置，幅度为 -0.02，腹呼吸重置不明显。这个位置的三级呼吸重置正好与前文研究的平起平收式的小句内部的语音停延位置一致。但同时我们发现，这里的呼吸韵律句和呼吸韵律短语与语音韵律句及语音韵律短语并不是一一对应的。

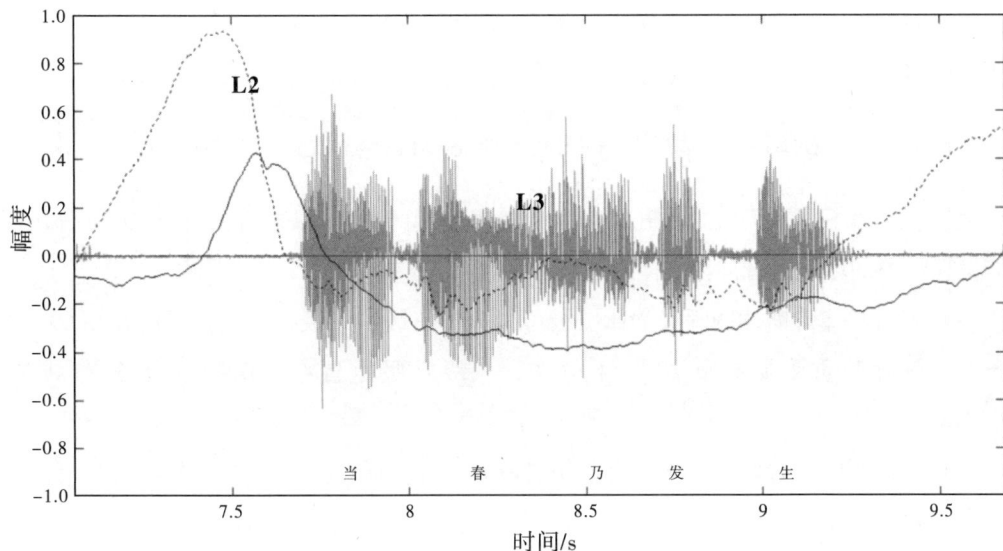

图9　五言格律诗《春夜喜雨》粤语朗读平起平收式胸腹呼吸叠加图

（4）平起仄收式。

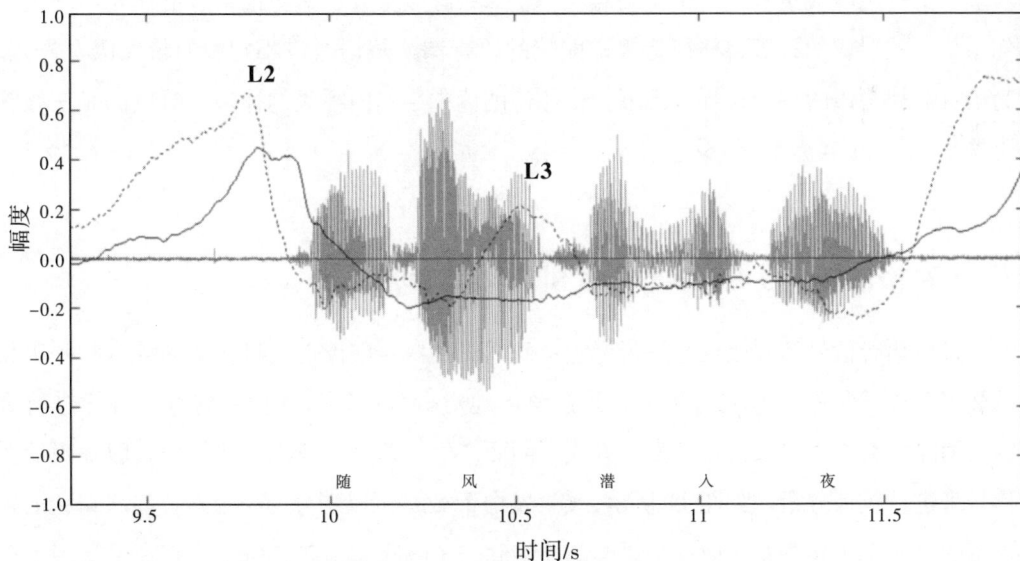

图10　五言格律诗《春夜喜雨》粤语朗读平起仄收式胸腹呼吸叠加图

　　以五言格律诗《春夜喜雨》"随风潜入夜"为例（见图10），本句为平起仄收式。在"随风"后存在一个三级胸呼吸重置，幅度为0.21，腹呼吸重置幅度很小，仅为-0.84。第二字上存在的呼吸重置与我们前文研究的平起仄收式的小句内部的语音停延位置一致。

但同时我们发现，这里的呼吸韵律句和呼吸韵律短语与语音韵律句及语音韵律短语并不是一一对应的。

4.1.3 五言格律诗的粤语朗读的呼吸韵律和语音韵律之间的对应规律

通过前文对不同平仄格式的五言格律诗粤语朗读的呼吸重置及语音停延进行分析后，我们发现呼吸韵律跟语音韵律之间存在比较明显的对应规律：

（1）五言格律诗朗读的呼吸韵律层级可以分为三级，一级呼吸重置幅度在 0.69 上下分布，二级呼吸重置则在 0.28 上下分布，三级呼吸重置在 -0.49 上下分布，方差为 0.218。

（2）一级呼吸重置跟五言格律诗首句的最大语音停延对应；二级呼吸重置跟非首句的小句内的最大语音停延对应；三级呼吸重置则与小句内部的较大语音停延对应。五言格律诗四种平仄格式的三级呼吸重置跟小句内较大语音停延均出现在第二字的位置上。

（3）五言格律诗的粤语朗读的语音韵律句和语音韵律短语与呼吸层面的呼吸韵律句和呼吸韵律短语并不是一一对应的。五言格律诗粤语朗读的语音韵律句对应一个小句，在第五字上存在最长语音停延，作为语音韵律句的划分边界。而在呼吸韵律层级方面，两个小句对应一个一级呼吸重置，一个小句对应一个二级呼吸重置，这里的语音韵律句与呼吸韵律句不是一一对应的；五言格律诗粤语朗读的语音韵律短语对应小句中的较大语音停延，作为语音韵律短语的划分边界，但五言格律诗朗读中小句内呼吸韵律短语对应的是三级呼吸重置。

4.2 七言格律诗的粤语朗读的语音和呼吸韵律研究

通过对语音信号和呼吸信号进行标记，我们得到粤语朗读七言格律诗的语音和呼吸相关的数据。以《早发白帝城》为例，我们整体地对七言格律诗朗读时的基本规律进行观察。为消除发音人因擅长使用的发音方式不同而产生的差异，我们主要使用胸腹呼吸的叠加信号来进行统计分析。如图 11 所示，《早发白帝城》可以划分为 4 个语音韵律句，七言格律诗的每一个小句基本对应一个语音韵律句和一个呼吸韵律句，每个小句在第七字上存在最大语音停延，小句前面多出现一级呼吸重置；小句又可以划分为 2 个语音韵律短语，语音韵律短语的停延和呼吸重置规律因平仄的不同而表现出不同特点。在音步方面，我们发现语音停延和呼吸重置的对应规律不够明显，我们重点研究语音韵律短语及以上的韵律层级单位的语音及呼吸韵律的对应关系。

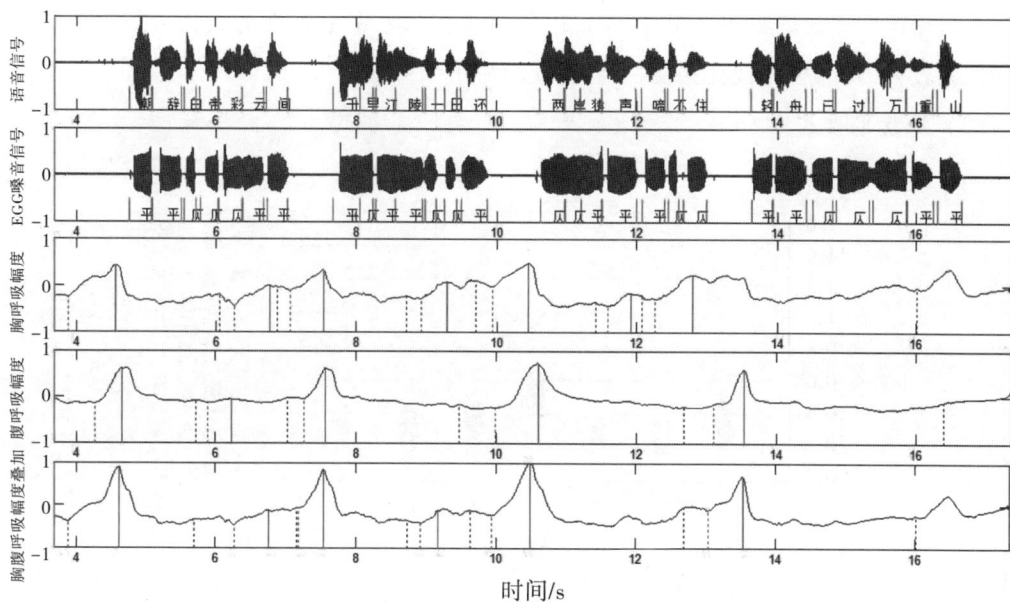

图11　七言格律诗《早发白帝城》在朗读时语音和呼吸信号对照图

注：平仄结构为平平仄仄仄平平，平仄平平仄仄平。仄仄平平平仄仄，平平仄仄仄平平。

4.2.1　七言格律诗的粤语朗读的语音韵律研究

七言格律诗根据首句的表现主要有四种平仄格式，仄起仄收式（仄仄平平平仄仄）、仄起平收式（仄仄平平仄仄平）、平起平收式（平平仄仄仄平平）、平起仄收式（平平仄仄平平仄）。其中圈内字可平可仄。七言格律诗四种平仄格式各个音节的停延时长聚类分析如图12至图15所示。

（1）仄起仄收式。

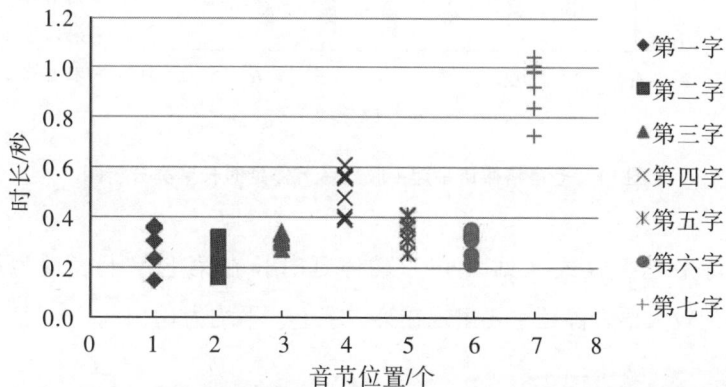

图12　七言格律诗仄起仄收式音节停延时长聚类分析图

七言格律诗仄起仄收式（见图 12）停延时长在第七字上表现为最长，平均为 0.93s；小句内的较大语音停延出现在第四字上，平均为 0.51s。

（2）仄起平收式。

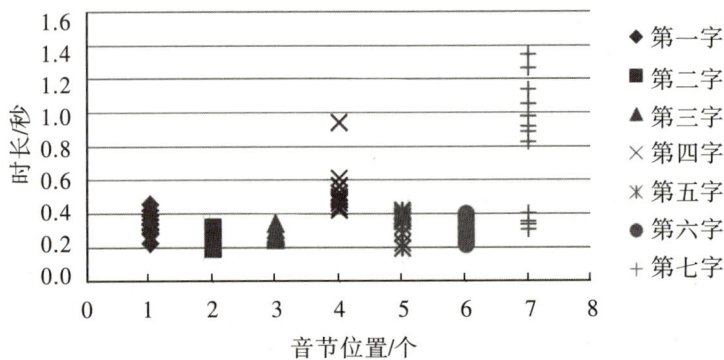

图 13　七言格律诗仄起平收式音节停延时长聚类分析图

七言格律诗仄起平收式（见图 13）的停延时长在第七字上表现为最长，平均为 0.82s；小句内的较大语音停延主要出现在第四字上，平均为 0.54s。

（3）平起平收式。

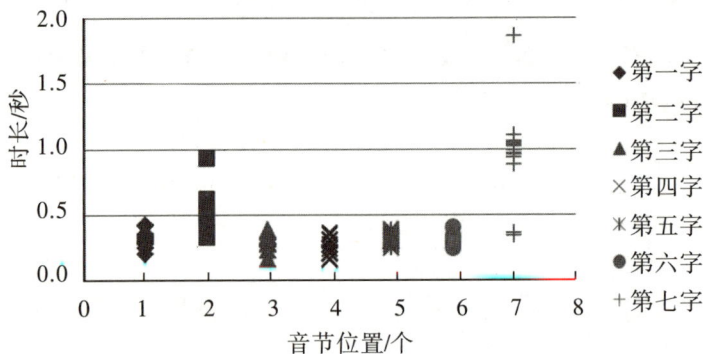

图 14　七言格律诗平起平收式音节停延时长聚类分析图

七言格律诗平起平收式（见图 14）的停延时长在第七字上表现为最长，平均为 0.96s；小句内的较大语音停延主要出现在第二字上，平均为 0.51s。

（4）平起仄收式。

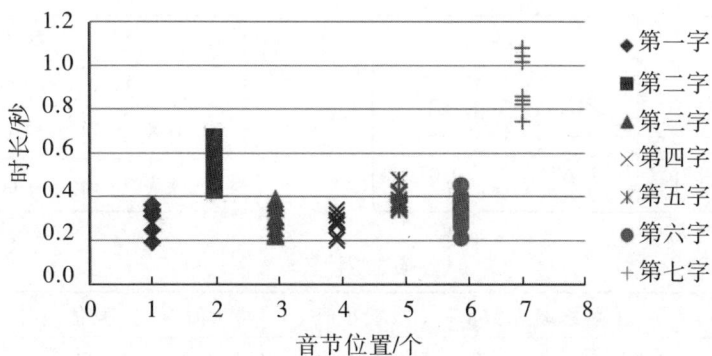

图15　七言格律诗平起仄收式音节停延时长聚类分析图

　　七言格律诗平起仄收式（见图 15）的停延时长在第七字上表现为最长，平均为 0.90 s；小句内的较大语音停延主要出现在第二字上，平均时长为 0.52 s。

　　综上七言格律诗四种平仄格式可以看出，在七言格律诗粤语朗读中，第七字上的停延时长表现为最长，可作为语音韵律句的划分依据。仄起仄收式和仄起平收式在第四字上的停延时长比较长，平起平收式和平起仄收式在第二字上的停延时长比较长，均可作为语音韵律句中语音韵律短语的边界。

4.2.2　七言格律诗的粤语朗读的呼吸韵律研究

　　七言格律诗粤语朗读的呼吸韵律总的特征为：七言格律诗粤语朗读的胸腹呼吸信号一般分为两级，在小句开始前存在一个胸呼吸重置和一个腹呼吸重置；在句中的较大停顿处会对应一个二级胸腹呼吸重置。如表 2 所示，一级呼吸重置的幅度在 0.67 上下分布，二级呼吸重置在 0.07 上下分布，方差为 0.122，浮动较小。这里我们提到的呼吸韵律层级与上文提到的语音韵律层级是一一对应的。粤语朗读七言格律诗的韵律句在声学表现上是句末存在一个最大语音停延，在生理上的表现是小句前面存在一个一级呼吸重置；粤语朗读七言格律诗的语音韵律短语在声学上的表现是边界处存在一个较大语音停延，在生理上的表现是在边界处存在一个二级呼吸重置。同时，我们重点研究的是语音韵律短语及以上的韵律层级单位的语音及呼吸韵律的对应关系。

表2　七言格律诗朗读的胸腹呼吸叠加信号呼气相呼吸重置幅度聚类分析

最终聚类中心

	聚类	
	L1	L2
七言格律诗朗读	0.67	0.07

每个聚类中的案例数

聚类	L1	26.000
	L2	27.000
有效		53.000
缺失		0.000

描述统计量

	数量	极小值	极大值	均值	方差
七言格律诗朗读	53	-0.19	1.00	0.378 9	0.122
有效的 N（列表状态）	53				

以《早发白帝城》为例，我们来分析一下七言格律诗整体的呼吸韵律特征。如图16所示，虚线为胸呼吸信号，实线为腹呼吸信号。七言格律诗每个小句在开始前有一个一级的胸呼吸重置和腹呼吸重置，小句中的语音韵律短语对应二级胸腹呼吸重置。胸呼吸呼气相的平均时长为1.08s，腹呼吸呼气相的平均时长为1.74s。胸腹呼吸重置开始的时间都要早于语音信号的时间，结束时间和语音信号结束时间基本一致。在这里我们可以看到胸呼吸开始的时间要早于腹呼吸开始的时间。

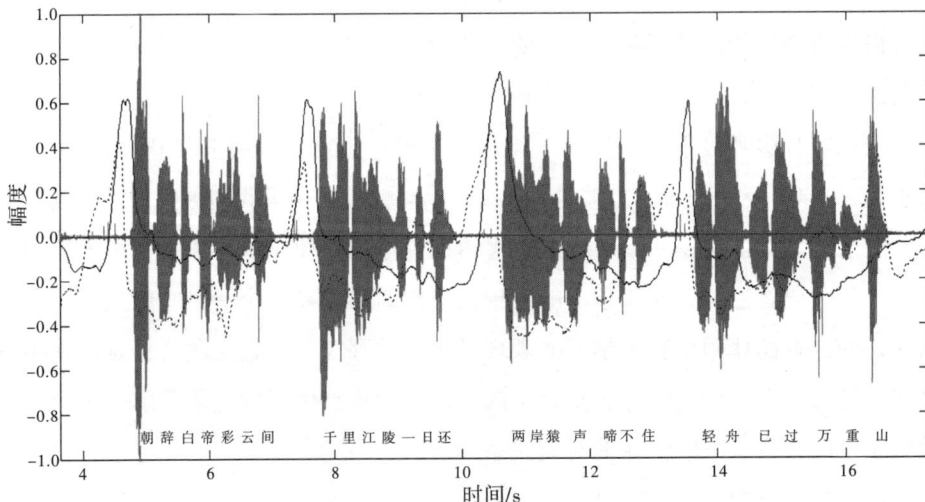

图16　七言格律诗《早发白帝城》粤语朗读胸腹呼吸叠加图

注：(1) 图中文字：朝辞白帝彩云间，千里江陵一日还。两岸猿声啼不住，轻舟已过万重山。

(2) 平仄结构：平平仄仄仄平平，平仄平平仄仄平。仄仄平平平仄仄，平平仄仄仄平平。

接下来，我们着重分析七言格律诗不同平仄格式中呼吸韵律特征。由于七言格律诗的呼吸韵律与语音韵律的对应规律较为规整，为了突出不同发音人擅长的发音方法，下面我们对不同平仄格式中的胸呼吸和腹呼吸信号进行详细的说明。

（1）仄起仄收式。

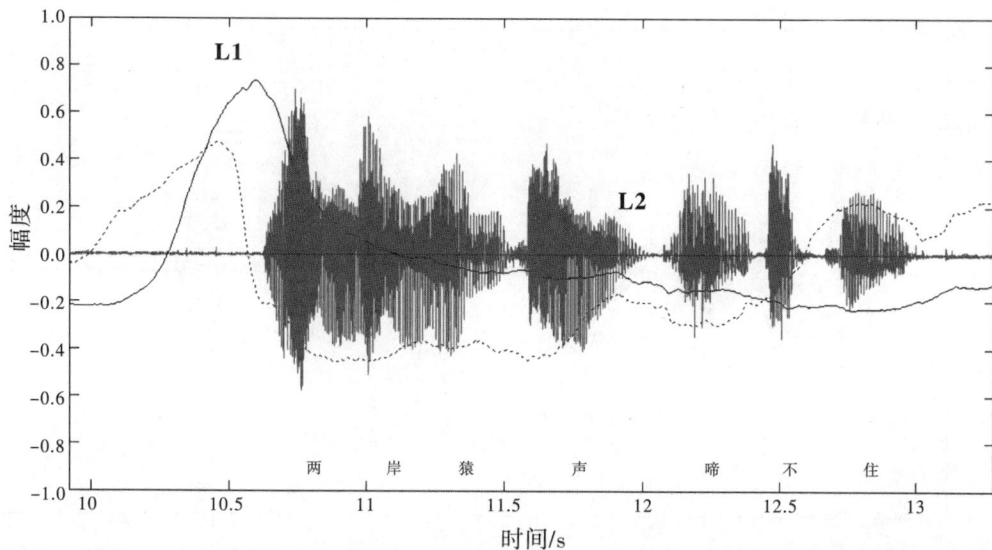

图 17　七言格律诗《早发白帝城》粤语朗读仄起仄收式胸腹呼吸叠加图

以七言格律诗《早发白帝城》"两岸猿声啼不住"为例，如图 17 所示，本句为仄起仄收式，小句开始前出现了一个一级呼吸重置，"两岸猿声"有一个较大的语音停延，这个较大语音停延对应了一个二级胸呼吸重置，呼气相重置幅度为 0.17。二级腹呼吸重置并不是很明显，这是由于该发音人擅长胸呼吸的发音形式。而仄起仄收式小句内较大的语音停延在第四字上，七言格律诗粤语朗读中语音韵律层级和呼吸韵律层级的一致性，方便我们确定语音韵律短语的位置，即在小句内第四个音节位置上。一、二级呼吸重置与该句的最大语音停延和较大语音停延是基本对应的，说明这里的语音韵律和呼吸韵律是一一对应的。

（2）仄起平收式。

以七言格律诗《无题（相见时难别亦难）》中"青鸟殷勤为探看"为例，如图 18 所示，本句为仄起平收式，小句开始前出现了一个一级呼吸重置，"青鸟殷勤"后存在一个二级胸呼吸重置和一个二级腹呼吸重置，相比胸呼吸重置，腹呼吸重置的幅度较小，为0.08，胸呼吸重置的幅度为 0.23。我们还可以看到，在"看"字上有一个较大的胸呼吸重置，这是由于"青鸟殷勤为探看"作为七言格律诗《无题（相见时难别亦难）》的最后一句，为了更好地表现诗歌朗读时的感情，发音人在最后一字进行了拖腔处理，拖腔势必会形成新的呼吸重置。从呼吸信号上可以看到，在第四字上有二级呼吸重置，这与我们之前讨论的语音停延相对应。一、二级呼吸重置与该句的最大语音停延和较大语音停延是基本对应的，说明仄起平收式的语音韵律和呼吸韵律是一一对应的。

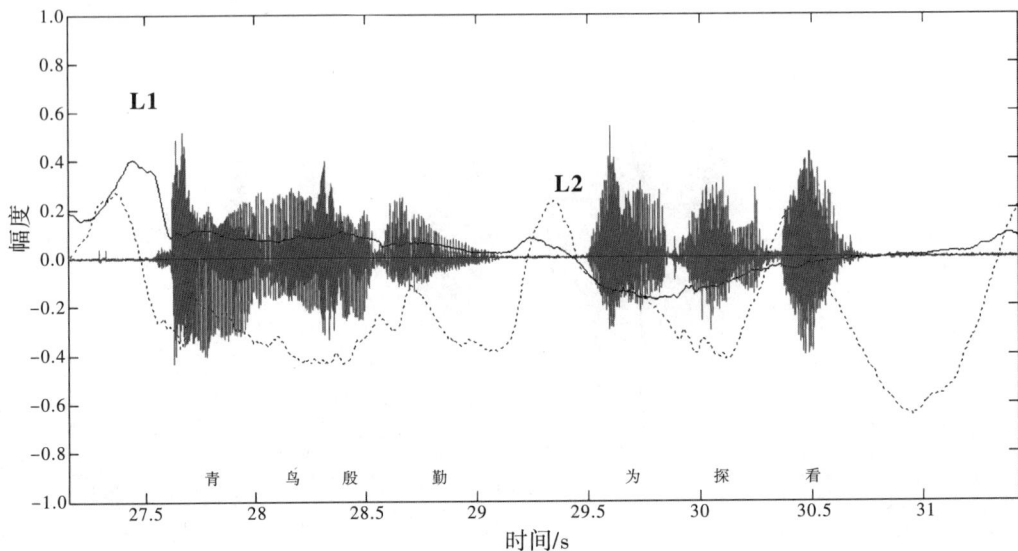

图18　七言格律诗《无题（相见时难别亦难）》粤语朗读仄起平收式胸腹呼吸叠加图

（3）平起平收式。

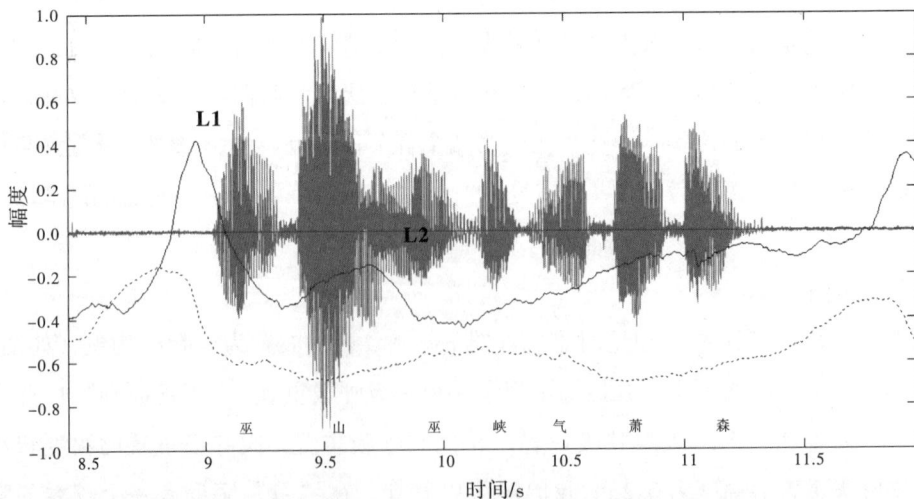

图19　七言格律诗《秋兴八首（其一）》粤语朗读平起平收式胸腹呼吸叠加图

以七言格律诗《秋兴八首（其一）》中"巫山巫峡气萧森"为例，如图 19 所示，小句开头出现了一个一级呼吸重置，腹呼吸在"巫山"后有一个二级呼吸重置，重置幅度为 0.1，斜率为 0.19，胸呼吸的重置幅度比腹呼吸的重置幅度稍小，为 0.05。这与上文用语音停延分析出的结果相一致。一、二级呼吸重置与该句的最大语音停延和较大语音停延是基本对应的，说明平起平收式的语音韵律和呼吸韵律是一致的。

（4）平起仄收式。

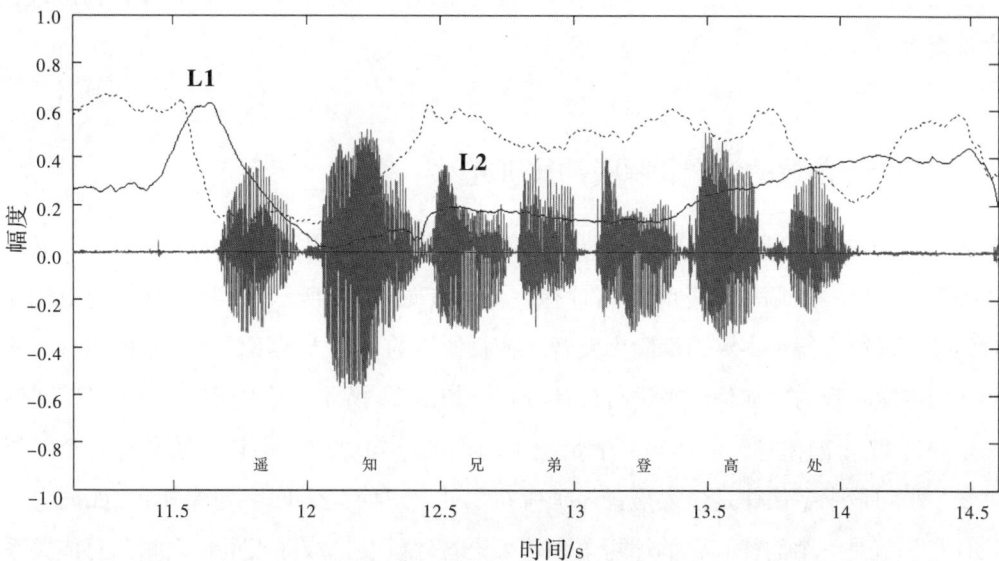

图 20　七言格律诗《九月九日忆山东兄弟》粤语朗读平起仄收式胸腹呼吸叠加图

以七言格律诗《九月九日忆山东兄弟》中"遥知兄弟登高处"为例，如图 20 所示，小句前面存在一个一级呼吸重置，在"遥知"后存在一个二级胸呼吸重置，重置幅度为 0.602，腹呼吸重置相比胸呼吸重置幅度稍小，为 0.2。这个位置的呼吸重置正好与前文研究的平起仄收式的小句内部的语音停延位置一致。一、二级呼吸重置与我们之前分析的平起平收式的最大语音停延和较大语音停延基本上都是一一对应的。

4.2.3　七言格律诗的粤语朗读的呼吸韵律和语音韵律之间的对应规律

通过前文对不同平仄格式的七言格律诗粤语朗读的呼吸重置及语音停延进行分析，我们发现呼吸韵律跟语音韵律之间存在比较明显的对应规律：

（1）七言格律诗的呼吸重置可分为两个层级，一级呼吸重置的重置幅度在 0.67 上下分布，二级呼吸重置在 0.07 上下分布，方差为 0.122，浮动较小。七言格律诗粤语朗读的语音停延也主要分为最大语音停延和较大语音停延两类。

（2）一级呼吸重置主要跟七言格律诗小句的最大语音停延对应；二级呼吸重置则跟小句内的较大语音停延对应。粤语朗读七言格律诗的语音韵律句和语音韵律短语与呼吸层面的呼吸韵律句和呼吸韵律短语是对应的。这里的韵律句和韵律短语既是声学上的，也是生理上的。

（3）由于平仄格式的不同，二级呼吸重置跟小句内较大语音停延的对应又有以下规律：平起平收式和平起仄收式七言格律诗的二级呼吸重置和较大语音停延都出现在第二字位置上；仄起平收式和仄起仄收式七言格律诗的二级呼吸重置和较大语音停延都出现在第四字位置上。

4.3　词的粤语朗读的语音和呼吸韵律研究

通过对语音信号和呼吸信号进行标记和数据提取，我们得到粤语朗读词的语音及呼吸等相关数据。以《水调歌头·明月几时有》为例（如图 21 所示），我们整体地对词在朗读时的基本规律进行观察。为消除因发音人擅长使用的发音方式不同而产生的差异，我们主要使用胸腹呼吸的叠加信号来进行统计分析。如图 21 所示，《水调歌头·明月几时有》可以划分为 17 个韵律句，韵律句一般情况下与词的小句对应，小句前通常有一个一级呼吸重置，小句最末字往往是最大语音停延所在之处（三字句、四字句除外），如词中"明月几时有"就是一个韵律句；韵律短语和较大语音停延及二级呼吸重置之间的对应关系在六字句中体现得比较明显，在其他小句中则不明显；在音步方面，我们发现语音和呼吸的对应规律不够明显，如"月有阴晴圆缺"中"月有阴晴"为一个语音韵律短语，可以划分为"月有"和"阴晴"两个音步，但在呼吸信号中，我们只能看到在"月有阴晴"这个语音韵律短语之前存在一个较大呼吸重置，而音步所对应的呼吸信号规律不明显。所以在研究词朗读时，我们重点研究语音韵律短语及以上的韵律层级单位，语音韵律短语以下（音步和音节）的韵律层级单位语音和呼吸关系本书暂不讨论。

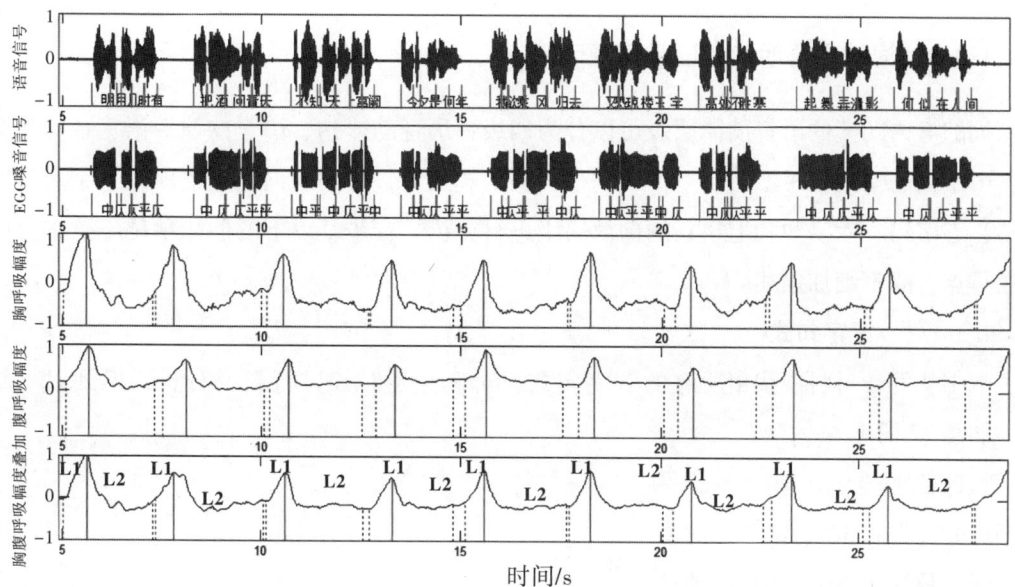

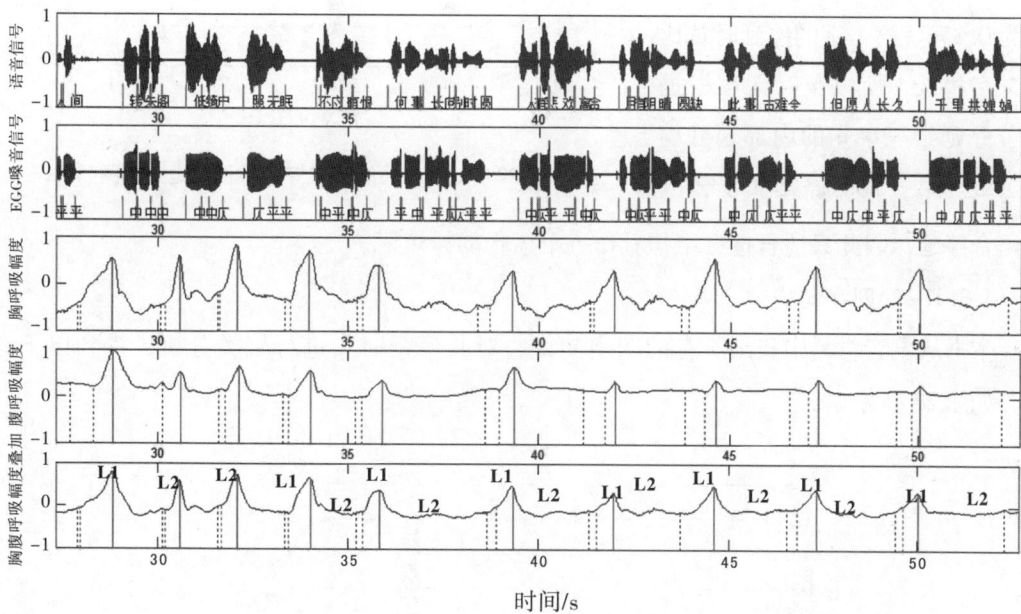

图21   词《水调歌头·明月几时有》在朗读时语音和呼吸信号对照图

4.3.1　词的粤语朗读的语音停延研究

词的粤语朗读的语音韵律层级可以分为四级：语音韵律句、语音韵律短语、音步和音节。由于词的句式长短不一，下面我们根据词句式长短，分别对词的粤语朗读三字句、四字句、五字句、六字句和七字句的韵律层级进行分析。音步及以下的韵律单位不是本书的关注重点，故不细加描述。

4.3.1.1　三字句式

本书从发音材料中找出所有的三字句式，对其停延时长进行聚类分析，得到以下结果，如图 22 所示。

统计数据显示，第一字的平均停延时长为 0.38s，第二字的平均停延时长为 0.29s，第三字的停延时长在三个字中最长，平均时长为 0.85s。第一字的停延时长比第二字稍长，所以暂时无法根据音节停延给三字句的内部划分韵律层级。第三字的停延属于较大的语音停延，因此只适合把三字句看作一个语音韵律短语。

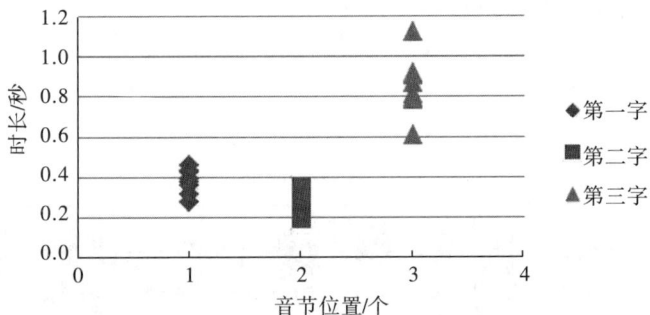

图22　三字句式的音节停延时长聚类分析图

4.3.1.2　四字句式

本书从发音材料中找出所有的四字句式，对其停延时长进行聚类分析，得到以下结果，如图 23 所示。

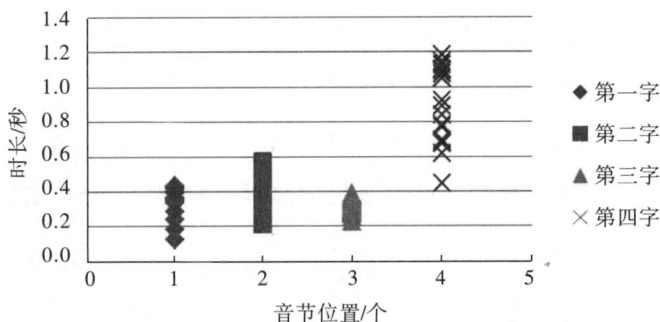

图23　四字句式的音节停延时长聚类分析图

统计数据表明，第一字的平均停延时长为 0.34s，第二字的平均停延时长为 0.39s，第三字的平均停延时长为0.31s，第四字的平均停延时长在四个字中最长，为0.89s。四字句中前三个字的停延时长相近，不能划分出语音韵律短语的边界，所以说在语音停延上无法看出四字句是否能够形成一个韵律句，且无法从四字句中划分出语音韵律短语，需要依靠呼吸信号找出规律。

4.3.1.3　五字句式

本书从发音材料中找出所有的五字句式，对其音节停延时长进行聚类分析，得到以下结果，如图24所示。

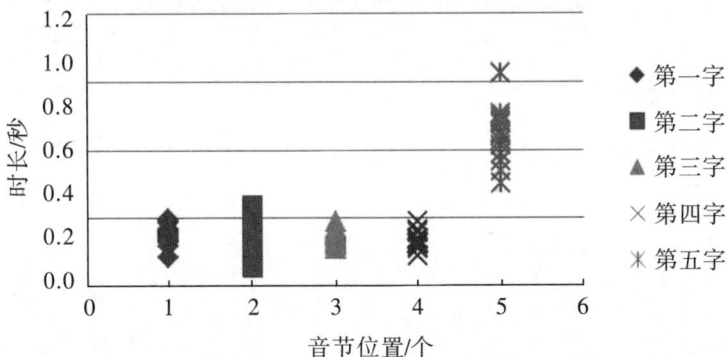

图24　五字句式的音节停延时长聚类分析图

统计数据表明，第一字的平均停延时长为0.38s，第二字的平均停延时长为0.36s，第三字的平均停延时长为0.36s，第四字的平均停延时长为0.34s，第五字的平均停延时长在五个字中最长，为1.01s。第五字停延属于最大语音停延，因此五字句可独立构成语音韵律句。在五字句中，前四字的停延时长无明显规律，所以不能只根据语音停延数据划分出语音韵律短语的边界，同样需要我们从呼吸信号中寻找语音韵律短语划分的依据。

4.3.1.4　六字句式

本书从发音材料中找出所有的六字句式，对其音节停延时长进行聚类分析，得到以下结果，如图25所示。

统计数据表明，第六字的平均停延时长为0.98s，属于最大语音停延，因此六字句可独立构成一个韵律句。其次是第四字，平均停延时长为0.48s，可作为语音韵律短语的边界。除此之外，第一字的平均停延时长为0.31s，第二字的平均停延时长为0.36s，第三字的平均停延时长为0.32s，第五字的平均停延时长为0.34s。

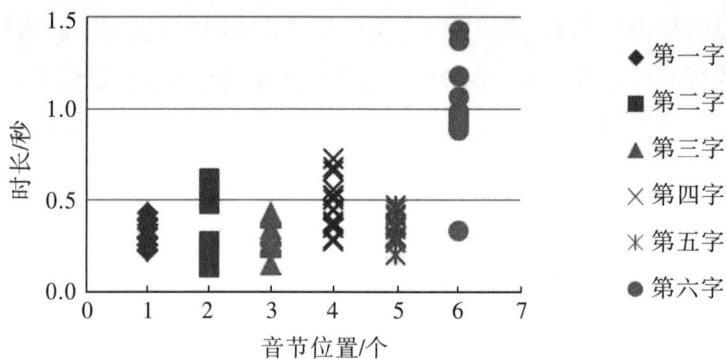

图 25　六字句式的音节停延时长聚类分析图

4.3.1.5　七字句式

本书从发音材料中找出所有的七字句式，对其停延时长进行聚类分析，得到以下结果，如图 26 所示。

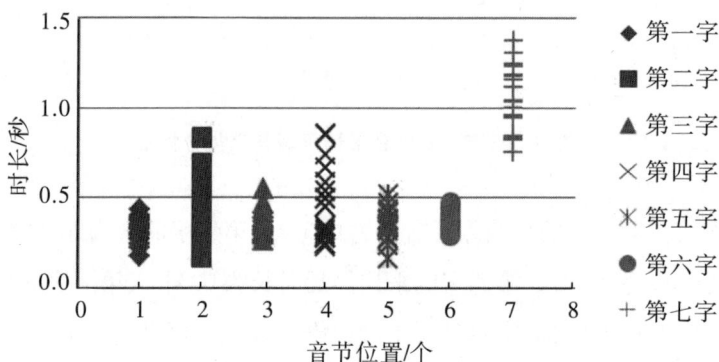

图 26　七字句式的音节停延时长聚类分析图

统计数据表明，第七字的平均停延时长为 1.05s，属于最大语音停延，因此七字句也可独立构成语音韵律句。其次是在第四字上，平均停延时长为 0.44s，第二字的平均停延时长为 0.43s，与第四字相差不大，所以这时我们需要利用七字句的呼吸信号规律，来确定句内语音韵律短语的划分边界。除此之外，第一字的平均停延时长为 0.30s，第三字的平均停延时长为 0.38s，第五字的平均停延时长为 0.34s，第六字的平均停延时长为 0.37s。

4.3.2　词的粤语朗读的呼吸韵律研究

词的粤语朗读的总的呼吸韵律特征为：在小句开始前多存在一个一级胸腹呼吸重置；在小句中的较大语音停延处通常都会对应一个二级呼吸重置。我们以《水调歌头·明月几时有》的粤语朗读为例（如图 27 所示）。

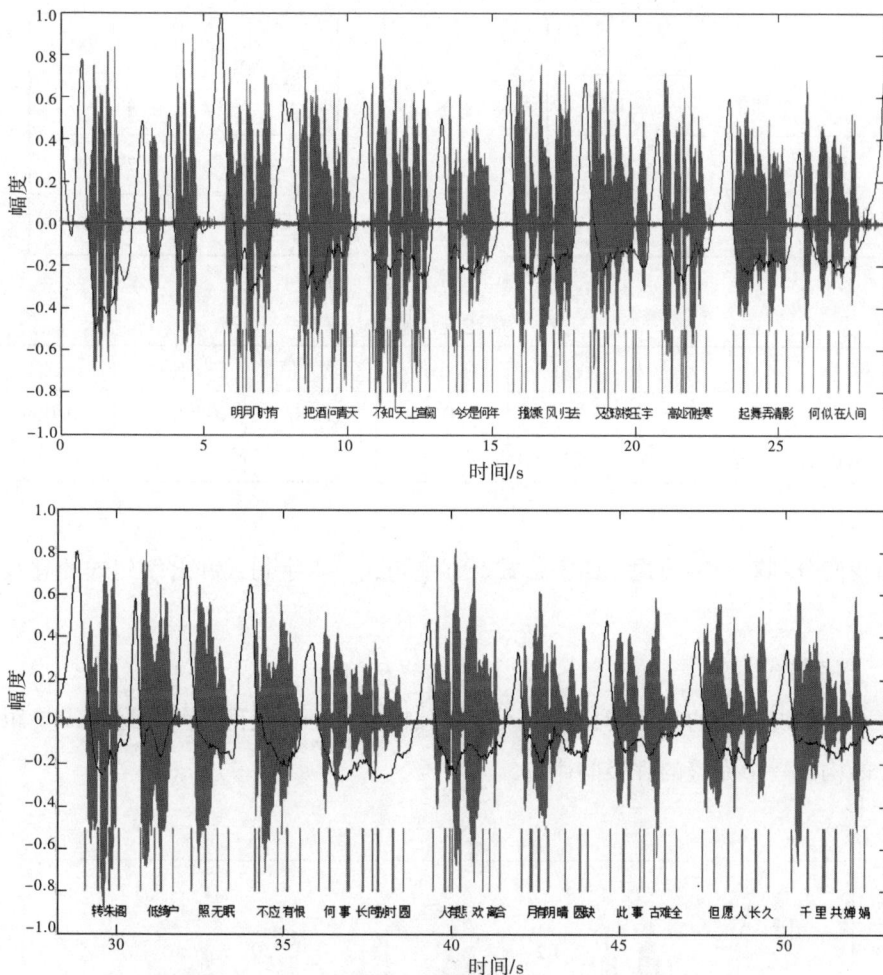

图 27　词《水调歌头·明月几时有》粤语朗读胸腹呼吸叠加信号与语音信号对比图

　　如图 27 所示，这首词主要出现两个层级的呼吸重置：在整首词中的每个小句开始前大多存在一个一级胸腹呼吸重置，如"明月几时有""今夕是何年"等；在小句中的较大停延处多会对应一个二级呼吸重置，如"又恐琼楼"的后面。同时我们也发现，小于语音韵律短语的韵律单元（如音步和音节），其语音与呼吸信号之间的对应规律不明显。

　　为了证明上述词的粤语朗读主要存在两级呼吸重置，我们对采录的词的所有胸腹呼吸叠加信号的呼气相进行聚类分析，得到以下结果，如表 3 所示。词的朗读的一级呼吸重置幅度在 0.67 上下分布，二级呼吸重置则在 0.18 上下分布，方差为 0.089，浮动不大。

表 3　词朗读的胸腹呼吸叠加信号呼气相数据聚类分析

最终聚类中心

	聚类	
	L1	L2
词朗读	0.67	0.18

每个聚类中的案例数

聚类	L1	32.000
	L2	45.000
有效		77.000
缺失		0.000

描述统计量

	数量	极小值	极大值	均值	方差
词朗读	77	−0.33	1.00	0.382 7	0.089
有效的 N（列表状态）	77				

下面我们分别对三字句式、四字句式、五字句式、六字句式和七字句式的呼吸韵律进行分析。

（1）三字句式。

除了个别情况，词的三字句式一般不能单独构成一个呼吸韵律句，通常需要跟其他句式一起才能构成一个完整的呼吸韵律句。

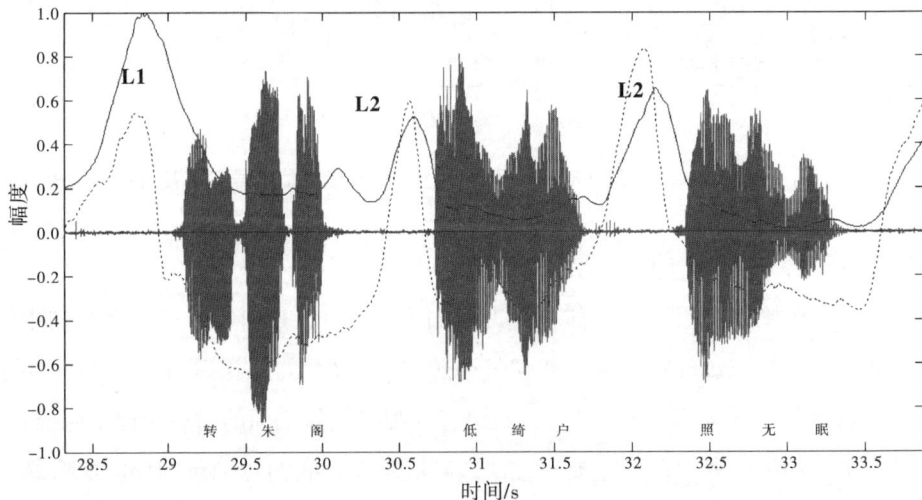

图 28　词《水调歌头·明月几时有》三字句式的粤语朗读胸腹呼吸叠加图

以词《水调歌头·明月几时有》中的三字句"转朱阁，低绮户，照无眠"为例（如

图 28 所示），我们发现这三个三字句合在一起才构成一个呼吸韵律句，在"转朱阁"之前有一个一级胸腹呼吸重置，在后两个小句之前存在二级呼吸重置，可作为呼吸韵律短语的边界，分别构成两个呼吸韵律短语。胸腹呼吸信号均早于语音信号开始时间，结束时间大体与语音信号一致。根据上文讨论的三字句的语音停延看不出三字句是否能够形成独立的呼吸韵律句，而在呼吸信号中可以得到确认：三字句无法独立成为呼吸韵律句，需要与其他小句共同构成呼吸韵律句。

（2）四字句式。

词的四字句式中，在韵律句开始前分别存在一个一级胸腹呼吸重置；在呼吸韵律句中的呼吸韵律短语之后的停顿会对应一个较小的二级胸腹呼吸重置。

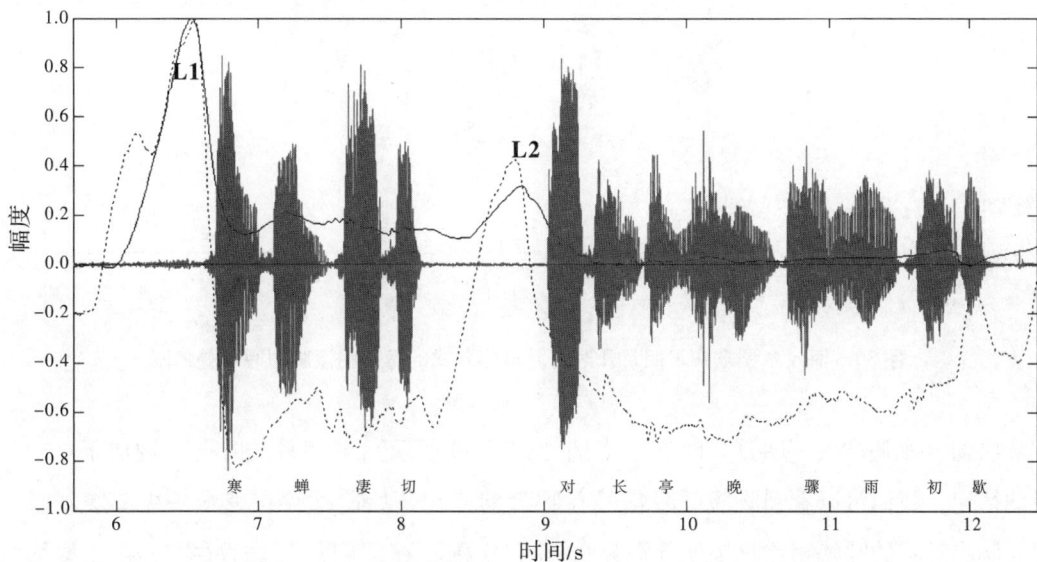

图 29　词《雨霖铃·寒蝉凄切》四字句式的粤语朗读胸腹呼吸叠加图

如图 29 所示，在词《雨霖铃·寒蝉凄切》中，"寒蝉凄切，对长亭晚，骤雨初歇"构成了一个语音韵律句，我们可以看到胸腹呼吸信号在语音韵律句之前都有一个一级呼吸重置，胸呼吸重置的幅度为 1，斜率为 -0.32，腹呼吸重置的幅度为 1，斜率为 -0.25。在"对长亭晚，骤雨初歇"前存在一个二级胸腹呼吸重置，二级胸呼吸重置的幅度为0.43，斜率为 -0.05，二级腹呼吸重置的幅度为0.32，斜率为 -0.02。四字句词朗读的胸腹呼吸信号均早于语音信号开始时间，结束时间大体与语音信号一致。针对上文提出的四字句语音停延无法确定语音韵律短语位置的问题，我们可以根据呼吸信号来确认。四字句不能独立成为一个呼吸韵律句，需要与其他句子共同构成一个呼吸韵律句。

（3）五字句式。

粤语朗读古典词的五字句时，在五字句开始前一般都会出现一个一级胸腹呼吸重置，且五字句的最末字一般都是最大语音停延所在，所以一个五字句一般都是一个独立的呼吸韵律句。在五字句中一般都会出现一个二级呼吸重置，对应小句中的较大停延。

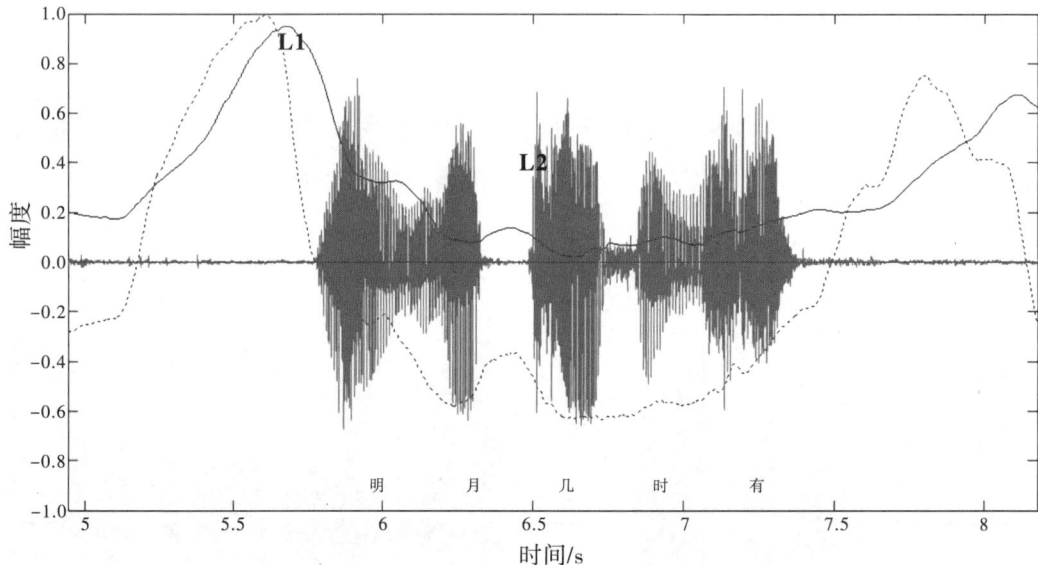

图30　词《水调歌头·明月几时有》五字句式的粤语朗读胸腹呼吸叠加图

以词《水调歌头·明月几时有》为例（如图30所示），"明月几时有"构成了一个呼吸韵律句，我们可以看到胸腹呼吸信号在呼吸韵律句开始前均存在一个一级胸腹呼吸重置，胸腹呼吸的呼气相重置幅度分别为0.96和0.94；在"明月"之后存在一个二级胸腹呼吸重置，胸腹呼吸的呼气相重置幅度分别为0.21和0.23。五字句词朗读的胸腹呼吸信号均早于语音信号开始时间，结束时间大体与语音信号一致。针对上文提出的五字句语音停延无法确定语音韵律短语重置的问题，我们可以根据呼吸信号来确认。五字句在第五字上存在最大语音停延，为韵律句的划分边界，对应一级呼吸重置；在第二字上存在韵律短语的划分边界，对应二级呼吸重置。

（4）六字句式。

在词的六字句式粤语朗读中，在六字句开始前都存在一个一级胸腹呼吸重置；在小句中都存在一个二级胸腹呼吸重置，且常出现在第四字末。换句话说，一级呼吸重置通常出现在六字句的句首，二级呼吸重置一般出现在六字句的第四个音节后。

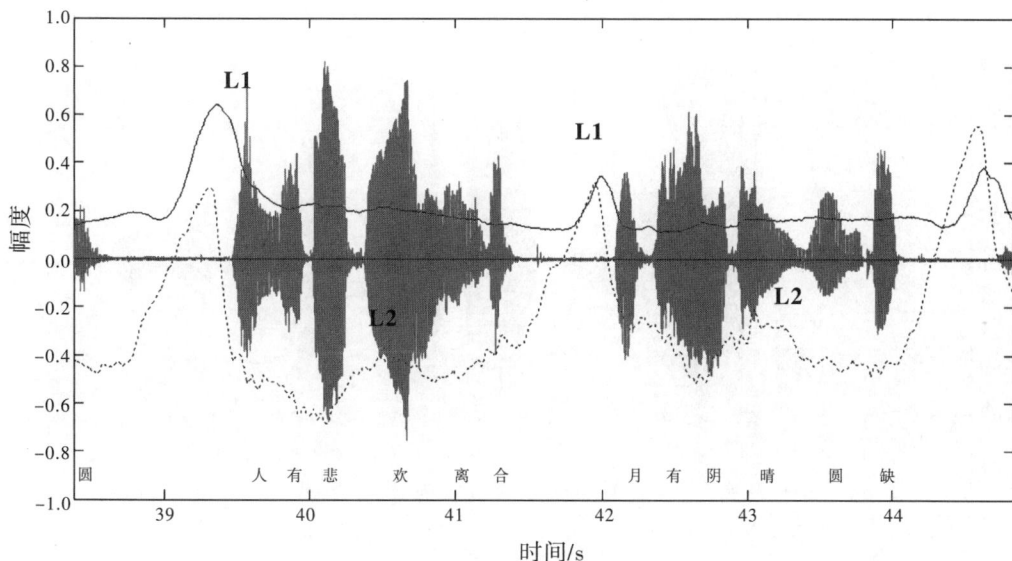

图31 词《水调歌头·明月几时有》六字句式的粤语朗读胸腹呼吸叠加图

如图31所示，在词《水调歌头·明月几时有》中，"人有悲欢离合"和"月有阴晴圆缺"各构成了一个呼吸韵律句，我们可以看到胸腹呼吸信号在每个呼吸韵律句开始前均存在一个一级胸呼吸重置，两个一级胸呼吸的呼气相重置幅度为0.30和0.31；在"人有悲欢"和"月有阴晴"后分别存在一个二级胸呼吸重置，两个二级胸呼吸的呼气相重置幅度分别为0.21和0.22。在"人有悲欢离合"前存在一个一级腹呼吸重置，重置幅度为0.64，在"月有阴晴圆缺"后存在一个二级腹呼吸重置，重置幅度为0.35。六字句词朗读的胸腹呼吸信号均早于语音信号开始时间，结束时间大体与语音信号一致。

（5）七字句式。

在词的七字句式粤语朗读中，在七字句开始前存在一个一级胸腹呼吸重置；在七字句中间存在一个二级胸腹呼吸重置，一般都出现在第四个音节的后面，第五个音节的前面。

如图32所示，在词《浣溪沙·一向年光有限身》中，"酒筵歌席莫辞频"构成了一个呼吸韵律句，在韵律句开始之前都存在着一个大的胸呼吸信号和腹呼吸信号，为一级呼吸重置，它的胸呼吸信号的呼气相重置幅度为0.31，腹呼吸信号的呼气相重置幅度为0.61，；在"酒筵歌席"后存在二级胸腹呼吸重置，其胸呼吸的二级呼吸重置的呼气相幅度为0.16；其腹呼吸的二级呼吸重置的呼气相幅度为0.18；胸呼吸的呼气相相对时长为2.97s，腹呼吸的呼气相相对时长为2.85s。七字句的粤语朗读的胸腹呼吸信号均早于语音信号开始时间，结束时间大体与语音信号一致。

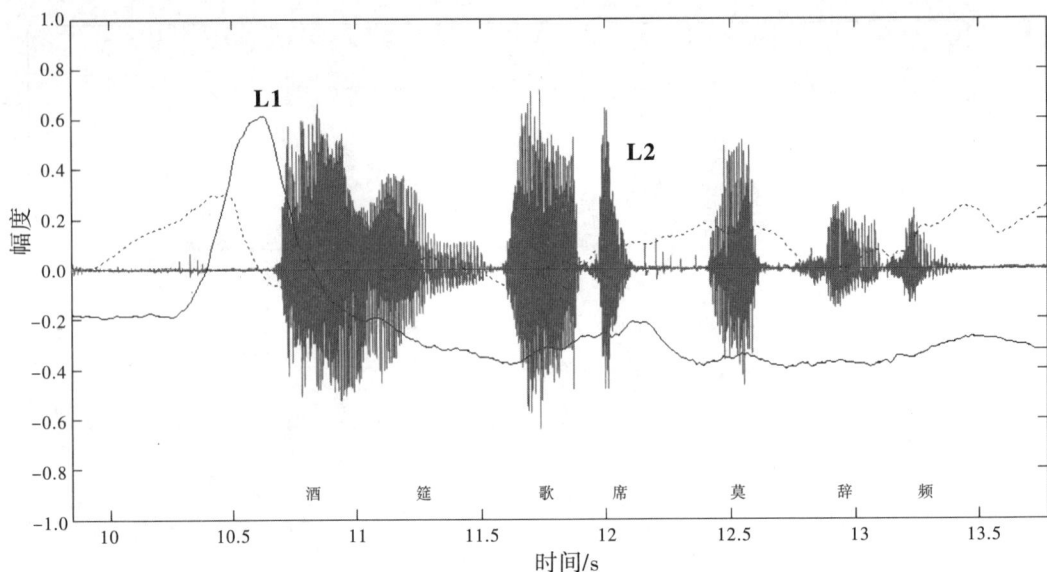

图 32　词《浣溪沙·一向年光有限身》七字句式的粤语朗读胸腹呼吸叠加图

4.3.3　词的粤语朗读的呼吸韵律和语音韵律之间的对应规律

通过前文对词的不同长短句式的粤语朗读的语音韵律及呼吸韵律进行分析后，我们发现呼吸韵律跟语音韵律之间存在比较明显的对应规律：

（1）词的粤语朗读的胸腹呼吸信号一般均分为两级，在小句开始前一般都存在一级呼吸重置（三字句、四字句除外）。词朗读的一级呼吸重置幅度在 0.67 上下分布，二级呼吸重置则在 0.18 上下分布，方差为 0.089，浮动不大。根据语音停延可以把粤语朗读词的语音韵律分为两个层级——最大语音停延和较大语音停延，前者多出现在小句末（三字句、四字句除外），后者多出现在小句中间。一级呼吸重置和最大语音停延之间存在很强的对应关系，二级呼吸重置和较大语音停延之间的对应关系也比较明显。

（2）词的粤语朗读中语音韵律句和语音韵律短语与呼吸层面的呼吸韵律句和呼吸韵律短语是一一对应的，这里的韵律句和韵律短语既是声学上的，也是生理上的。

（3）三字句、四字句不能单独形成一个语音或呼吸韵律句，需要和其他句式共同构成韵律句。

（4）五字句可以单独形成一个语音或呼吸韵律句，句末都存在一个最大的语音停延，句首都有一个一级呼吸重置。五字句在第二字上存在小句内的较大停延，作为韵律短语的划分边界，对应二级呼吸重置。

（5）六字句和七字句都可独立成为语音或呼吸韵律句，句首一般都会出现一个一级呼吸重置，句末会出现一个最大的语音停延。句内的较大语音停延通常会出现在第四个音节后，同时对应一个二级呼吸重置。

4.4　小　结

4.4.1　五、七言格律诗的粤语朗读的呼吸韵律对应规律

（1）五言格律诗朗读的呼吸韵律层级可以分为三级，一级呼吸重置跟五言格律诗首句的最大语音停延对应；二级呼吸重置跟非首句的小句内的最大语音停延对应；三级呼吸重置则与小句内部的较大语音停延对应。五言格律诗四种平仄格式的三级呼吸重置跟小句内较大语音停延均出现在第二字的位置上。

（2）五言格律诗的粤语朗读的语音韵律句和语音韵律短语与呼吸层面的呼吸韵律句和呼吸韵律短语并不是一一对应的。五言格律诗粤语朗读的语音韵律句对应一个小句，在第五字上存在最长语音停延，作为语音韵律句的划分边界。而在呼吸韵律层级方面，两个小句对应一个一级呼吸重置，一个小句对应一个二级呼吸重置，这里的语音韵律句与呼吸韵律句不是一一对应的；五言格律诗粤语朗读的语音韵律短语对应小句中的较大语音停延，作为语音韵律短语的划分边界，但五言格律诗朗读中小句内呼吸韵律短语对应的是三级呼吸重置。

（3）七言格律诗的呼吸重置可分为两个层级，一级呼吸重置主要跟七言格律诗小句的最大语音停延对应；二级呼吸重置则跟小句内的较大语音停延对应。粤语朗读七言格律诗的语音韵律句和语音韵律短语与呼吸层面的呼吸韵律句和呼吸韵律短语是对应的。这里的韵律句和韵律短语既是声学上的，也是生理上的。

（4）由于平仄格式的不同，二级呼吸重置跟小句内较大语音停延的对应又有以下规律：平起平收式和平起仄收式七言格律诗的二级呼吸重置和较大语音停延都出现在第二字位置上；仄起平收式和仄起仄收式七言格律诗的二级呼吸重置和较大语音停延都出现在第四字位置上。

（5）在五、七言格律诗中，我们还发现呼吸信号与韵律之间的对应关系，一般只能对应到韵律短语层面，呼吸与韵律词及以下的韵律层级单位之间的关系，本书的数据观察不到。

4.4.2 词的粤语朗读的呼吸韵律对应规律

在词的粤语朗读中，由于语音韵律句和语音韵律短语与呼吸层面的呼吸韵律句和呼吸韵律短语是一一对应的，这里的韵律句和韵律短语既是声学上的，也是生理上的。故我们可以得到以下结论：

（1）三字句、四字句不能单独形成一个语音或呼吸韵律句，需要和其他句式共同构成韵律句。

（2）五字句可以单独形成一个语音或呼吸韵律句，句末都存在一个最大的语音停延，句首都有一个一级呼吸重置。五字句在第二字上存在小句内的较大停延，作为韵律短语的划分边界，对应二级呼吸重置。

（3）六字句和七字句都可独立成为语音或呼吸韵律句，句首一般都会出现一个一级呼吸重置，句末会出现一个最大的语音停延。句内的较大语音停延通常会出现在第四个音节后，同时对应一个二级呼吸重置。

（4）呼吸信号与韵律之间的对应关系一般只能对应到韵律短语层面，呼吸与韵律词及以下的韵律层级单位之间的关系，本书的数据观察不到。

5

结　语

　　本书以粤语吟诵和朗读的呼吸韵律为主题，通过实验语音学的方法，运用呼吸带传感器采集数据，对粤语吟诵和朗读的呼吸韵律进行细致的研究，揭示了粤语在吟诵和朗读中的呼吸规律，并探讨了其与韵律层级的关系。

5.1　格律诗词的粤语吟诵和朗读的语音及呼吸韵律特征

　　（1）在格律诗词的粤语吟诵中，五七言诗歌和词中的语音韵律层级单位与呼吸韵律层级单位基本上是相对应的，即由一级的呼吸重置构成的呼吸韵律句同时也是语音韵律句（具有最大语音停延），由二级呼吸重置构成的呼吸韵律短语对应语音韵律短语（边界处有较大语音停延）。粤语吟诵格律诗词的韵律句和韵律短语既是声学层面的，也是生理学层面的。

　　（2）在五言格律诗的粤语朗读中，其语音韵律句和语音韵律短语与呼吸层面的呼吸韵律句和呼吸韵律短语并不是一一对应的。五言格律诗粤语朗读的语音韵律句对应一个小句，在第五字上存在最长语音停延；而在呼吸韵律层级方面，两个小句对应一个一级呼吸重置，一个小句对应二级呼吸重置，这里的语音韵律句与呼吸韵律句是不一样的。五言格律诗粤语朗读的语音韵律短语对应小句中的较大语音停延；但五言格律诗粤语朗读的呼吸韵律短语则对应的是一个三级呼吸重置（可称作呼吸韵律词）。

　　（3）在七言格律诗和词的粤语朗读中，七言格律诗和词中的语音韵律层级单位与呼吸韵律层级单位是一一对应的，即由一级呼吸重置构成的呼吸韵律句同时也是语音韵律句（具有最大语音停延），由二级呼吸重置构成的呼吸韵律短语对应语音韵律短语（边界处有较大语音停延)。七言格律诗和词的粤语朗读的韵律句和韵律短语既是声学层面的,也是生理学层面的。

通过以上三点结论,我们可以知道语音韵律和呼吸韵律大部分情况下是一一对应的,但是有时候是不对应的,这在五言格律诗的粤语朗读中表现尤其明显。这也说明声学参数和生理参数各有各自的研究价值,理想的情况是把两者结合起来,互相观察,互相印证。

5.2　本实验对粤语吟诵教学的启示

对于格律诗词的粤语吟诵而言,除了掌握基本的平仄和押韵知识外,还需掌握一定的语音停延技巧和呼吸技巧。通过第 2、3 章的实验,其结果可以给我们平时的粤语吟诵实践带来以下启示:

(1)进行粤语吟诵的时候,首先要学会断句。一般来说,一个语义相对完整的小句通常都是一个语音韵律句,很多时候也是一个呼吸韵律句。譬如"明月几时有"是一个语义相对完整的小句,我们吟诵之前需深吸一口气(会出现一个一级呼吸重置),用一口气吟诵完这个句子,然后在句子的末尾加大末音节的停延(平声尾多拖长末音节,若是仄声尾则延长末音节后面的语音停顿)。在句子的中间(譬如"明月"之后)可以利用较大的语音停延时间偷换一小口气,这样会造成句子内部的韵律变化,形成两个韵律短语。在韵律短语的内部就可以使用一般吟诵的基本规则(如平长仄短、韵尾拖腔等)来进行正常的吟诵了。

(2)在格律诗词的粤语吟诵中,会出现一些特殊的停延或韵律短语的划分边界,这与发音人对词句的理解和处理密切相关。说明了诗词的吟诵虽有一定的基本规则,但实际上并不存在完全一致的吟诵。即使是同一个人吟诵同一首作品,其语音或呼吸韵律上的表现都会在某些方面有所不同。

5.3　独创和新颖之处

第一,对粤语吟诵和朗读诗词的言语呼吸韵律进行了系统的研究。

前人对言语的呼吸韵律的研究已经有了不少有价值的研究成果,但是在粤语方面,言语呼吸韵律的研究尚未有人涉足。本书基于粤语的吟诵、朗读两个方面对粤语呼吸韵律进行细致分析,有利于拓展言语呼吸韵律中的研究领域,加深我们对不同方言呼吸韵律规律的理解。

第二,全面深入地对粤语吟诵和朗读诗词进行对比研究。

　　前人对言语呼吸韵律的研究主要集中在朗读方面。本书将吟诵也列入研究讨论范围，可以弥补以往研究在内容方面的不足，同时还发掘出在不同状态下粤语呼吸与韵律之间的对应关系，从而丰富呼吸群的理论。

　　第三，首次使用呼吸带传感器对格律诗词的粤语吟诵和朗读的呼吸展开研究。

　　以往呼吸带传感器多用于生理医疗等方面，在言语呼吸的研究中只限于测量普通话呼吸变化情况。本书率先使用呼吸带传感器对粤语呼吸进行研究，对粤语呼吸与韵律之间的关系进行详细分析，第一次把呼吸带传感器运用到粤语言语呼吸研究上。

　　第四，运用多模态语音研究的理论和方法，第一次综合运用呼吸生理信号和语音声学信号对粤语吟诵和朗读的韵律展开对比研究。

　　前人对粤语韵律的研究多使用单一角度（从声学或生理或心理的角度）来进行研究，本书通过同步采集的声学语音信号和生理呼吸信号，对粤语吟诵和朗读格律诗词的韵律展开综合性的研究。

5.4　不足之处及尚未解决的问题

　　本书主要对粤语吟诵和朗读格律诗词时的语音与呼吸韵律进行研究，并未对自然话语中的呼吸韵律进行研究。在五言格律诗吟诵方面，本书挑选的发音人和吟诵篇目不够充足，在一定程度上会影响粤语吟诵五言格律诗时的呼吸韵律的实验结果。这是由于在采录吟诵数据的过程中，懂得吟诵的先生多年事已高，所录制的篇目数量受先生的体力所限。在吟诵和朗读对比中，未能录制普通话材料与之对比，不能全方位地反映粤语吟诵和朗读同类作品时跟其他语音或方言的不同特点。同时，本书的实验并未涉及韵律短语以下的韵律单元的语音和呼吸韵律特征的研究，因为现有数据无法提炼出关于音步的呼吸韵律方面的有效信息，所以研究只能针对韵律短语及以上的韵律层级单位，不能精确到音步及音步以下的韵律层级单位的语音和呼吸规律。

　　在今后的研究中，我们将继续发掘具有良好私塾背景和吟诵风格的发音人，丰富吟诵的篇目和文体种类，以求更全面地揭示粤语在吟诵中呼吸韵律的对应规律，并进一步探求音步及音步以下韵律层级单位的呼吸韵律规律。同时拓展普通话与粤方言、粤方言和其他方言的吟诵和朗读的异同对比，从而丰富粤语生理研究内容，并为粤语语音研究、语音教学、言语合成和呼吸生理等相关领域提供数据支持与理论参考。

附录 吟诵朗读篇目汇总

文体	诗词名	文体	诗词名
五言诗	《春望》杜甫	七言诗	《无题（相见时难别亦难）》李商隐
	《春夜喜雨》杜甫		《无题（昨夜星辰昨夜风）》李商隐
	《月夜》杜甫		《早发白帝城》李白
	《山居秋暝》王维		《登高》杜甫
	《春日忆李白》杜甫		《枫桥夜泊》张继
词	《蝶恋花·谁道闲情抛弃久》冯延巳		《黄鹤楼》崔颢
	《浣溪沙·一向年光有限身》晏殊		《九月九日忆山东兄弟》王维
	《水调歌头·明月几时有》苏轼		《客至》杜甫
	《西江月·照野弥弥浅浪》苏轼		《凉州词》王之涣
	《卜算子·咏梅》陆游		《秋兴八首（其一）》杜甫
	《一丛花令·伤高怀远几时穷》张先		《秋兴八首（其二）》杜甫
	《雨霖铃·寒蝉凄切》柳永		《秋兴八首（其八）》杜甫
	《临江仙·梦后楼台高锁》晏几道		《泊秦淮》杜牧
	《菩萨蛮·书江西造口壁》辛弃疾		《登金陵凤凰台》李白
	《苏幕遮·怀旧》范仲淹		《寄扬州韩绰判官》杜牧
	《诉衷情·当年万里觅封侯》陆游		《蜀相》杜甫
	《谒金门·风乍起》冯延巳		《望月怀远》张九龄
	《一剪梅·红藕香残玉簟秋》李清照		《渭城曲》王维
	《渔歌子·西塞山前白鹭飞》张志和		《锦瑟》李商隐
	《渔家傲·秋思》范仲淹		《题破山寺后禅院》常建
	《虞美人·春花秋月何时了》李煜		《忆秦娥·箫声咽》李白
	《八声甘州·对潇潇暮雨洒江天》柳永		《咏史》龚自珍
	《浪淘沙令·帘外雨潺潺》李煜		《游山西村》陆游
	《满江红·写怀》岳飞		
	《莺啼序（节选）·春晚感怀》吴文英		
	《兰陵王·柳》周邦彦		

参考文献

［1］敖敏，熊子瑜，白音门德.蒙古语韵律短语的分类研究［J］.民族语文，2014（1）：76 – 81.

［2］敖敏，熊子瑜，呼和.蒙古语标准话朗读话语韵律短语研究［J］.中央民族大学学报（哲学社会科学版），2012，39（4）：143 – 148.

［3］包桂兰.基于 EPG 的蒙古语语音研究［J］.内蒙古大学学报（哲学社会科学版），2010（3）：142 – 145.

［4］包桂兰.蒙古语辅音在词中不同位置的发音问题［J］.内蒙古大学学报（哲学社会科学版），2014，46（4）：107 – 112.

［5］包桂兰，哈斯其木格，呼和.基于 EPG 的蒙古语辅音发音部位研究［J］.民族语文，2010（3）：59 – 68.

［6］蔡莲红，吴宗济，蔡锐，等.汉语韵律特征的可计算性研究［C］//新世纪的现代语音学：第五届全国现代语音学学术会议论文集.中国中文信息学会，2001.

［7］曹剑芬.汉语声调与语调的关系［J］.中国语文，2002（3）：8.

［8］曹剑芬.语言的韵律与语音的变化［M］.北京：中国社会科学出版社，2016.

［9］曹剑芬.汉语韵律切分的语音学和语言学线索［C］//新世纪的现代语音学：第五届全国现代语音学学术会议论文集.中国中文信息学会，2001.

［10］曹剑芬，郑玉玲.韵律标志性的音段发音增强［C］//第九届全国人机语音通讯学术会议论文集.中国中文信息学会语音信息专业委员会［清华信息科学与技术国家实验室（筹）］，2007.

［11］陈保亚.当代语言学［M］.北京：高等教育出版社，2009.

［12］陈嘉猷，鲍怀翘.基于 EPG 的普通话塞音、塞擦音发音过程研究［C］//第六届全国现代语音学学术会议论文集.中国中文信息学会，2003.

［13］陈少松.古诗词文吟诵［M］.3 版.北京：社会科学文献出版社，2002.

［14］陈演.粤语吟诵的自然发声方法探索研究［D］.贵阳：贵州师范大学，2014.

［15］陈玉东，任倩楠.带"呢"句子的韵律特征分析［J］.中国语文，2016（1）：70－82，127.

［16］邓存娟.吴川话吟诵研究［J］.文化创新比较研究，2020，4（36）：154－156.

［17］邓丹.汉语韵律词研究［M］.北京：北京大学出版社，2010.

［18］邓丹，石锋.普通话双音节韵律词的音高分析［J］.南开语言学刊，2008（2）：50－62，164－165.

［19］邓丹，石锋.普通话韵律词内部下倾度的初步分析［J］.南开语言学刊，2009（1）：64－70，181－182.

［20］邓丹，陈明，吕士楠.汉语去声和轻声音节的韵律特征研究［J］.语言科学，2004（2）：20－28.

［21］邓丹，石锋，吕士楠.普通话四音节韵律词的时长分析［J］.世界汉语教学，2007（4）：3－4，86－93.

［22］邓丹，石锋，吕士楠.普通话三音节韵律词中字的变调［J］.语言文字应用，2008（3）：90－97.

［23］邓德崇.格律诗词的粤语吟诵和朗读的语音及呼吸韵律研究［D］.广州：暨南大学，2017.

［24］丁燕兵.花儿民歌呼吸韵律研究［D］.兰州：西北民族大学，2018.

［25］董就雄.分春馆词人吟诵特色析论［J］.岭南文史，2018（1）：18－30.

［26］段燕华.基于 EPG 的汉语普通话舌面前音腭位研究［J］.河南科技，2014（8）：267－268.

［27］范晓婷.维吾尔语韵律层级对边界前音段延长影响的分析［J］.信息通信，2014（8）：57－59.

［28］冯倩仪.中山粤语地区高中古典诗词教学研究［D］.武汉：华中师范大学，2011.

［29］冯胜利.汉语的韵律、词法与句法［M］.北京：北京大学出版社，1997.

［30］冯胜利.汉语韵律语法研究［M］.北京：北京大学出版社，2005.

［31］冯胜利，王丽娟.汉语韵律语法教程［M］.北京：北京大学出版社，2018.

［32］郭中子.普通话自然独白话语两音节韵律词的重音分析［J］.宁波大学学报（人

文科学版），2014，27（6）：39 - 45.

［33］郭中子.汉语自然话语三音节韵律词时长特征研究［J］.当代外语研究，2016（5）：39 - 44.

［34］哈斯其木格.从腭位角度论普通话元音/i/［C］//第六届全国现代语音学学术会议论文集.中国中文信息学会，2003.

［35］哈特曼，斯托克.语言与语言学词典［M］.黄长著，林书武，卫志强，等译.上海：上海辞书出版社，1981.

［36］韩维新.香港粤语语调初探［D］.天津：南开大学，2013.

［37］贺琳，吕士楠，冯勇强，等.汉语合成语料库的韵律层级标注研究［C］//新世纪的现代语音学：第五届全国现代语音学学术会议论文集.中国中文信息学会，2001.

［38］黄靖雯.焦点词在陈述句不同位置的韵律表现［J］.汉语学习，2019（6）：103 - 112.

［39］黄靖雯，石锋.汉语轻声音节韵律表现的多样性［J］.语言文字应用，2019（1）：76 - 85.

［40］贾媛.普通话焦点的语音实现和音系分析［M］.北京：中国社会科学出版社，2012.

［41］凯丽比努，梅热依，段艳华，等.基于 EPG 的维吾尔语单辅音舌腭接触研究［C］//Information Engineering Research Institute，USA. Proceedings of 2013 3rd International Conference on Applied Social Science（ICASS 2013）Volume 3. Information Engineering Research Institute，USA：Information Engineering Research Institute，2013：495 - 500.

［42］柯航.韵律和语法［M］.上海：学林出版社，2018.

［43］李爱军.普通话对话中韵律特征的声学表现［J］.中国语文，2002（6）：525 - 535，575.

［44］李俭.基于 EPG 的汉语普通话辅音的发音研究［D］.杭州：浙江大学，2004.

［45］李娜.粤方言辅助高中古诗文教学策略研究［D］.淮北：淮北师范大学，2022.

［46］李卫君，杨玉芳.绝句韵律边界的认知加工及其脑电效应［J］.心理学报，2010（11）：1021 - 1032.

［47］李晓庆，杨玉芳.不一致性重读对口语语篇加工中信息激活水平的影响［J］.心理学报，2005（3）：285 - 290.

［48］李英浩.基于动态电子腭位的汉语普通话音段协同发音研究［M］.上海：中西书局，2019.

［49］李英浩.普通话/s/的动态发音过程和声学分［C］//第九届中国语音学学术会

议论文集.中国语言学会语音学分会，中国声学学会语言、音乐和听觉专业委员会，中国中文信息学会语音信息专业委员会，2010：422－428.

［50］李英浩，孔江平.语速对普通话音段产生的影响［J］.清华大学学报（自然科学版），2017，57（9）：963－969.

［51］李英浩，孔江平.普通话双音节 V1n#C2V2 音节间逆向协同发音［J］.清华大学学报（自然科学版），2013，53（6）：818－822.

［52］李英浩，孔江平.焦点重音对普通话音段产出和声学特征的影响［J］.清华大学学报（自然科学版），2016，56（11）：1196－1201.

［53］林茂灿.普通话语句中间断和语句韵律短语［J］.当代语言学，2000（4）：210－217，278.

［54］林茂灿.普通话语句的韵律结构和基频（F0）高低线构建［J］.当代语言学，2002（4）：254－265，316.

［55］林茂灿.汉语韵律结构和语调［C］//第六届全国人机语音通讯学术会议论文集.中国计算机学会人工智能与模式识别专业委员会，中国中文信息学会基础理论专业委员会，中国自动化学会模式识别与机器智能专业委员会，中国电子学会信号处理学会语音图象通讯专业委员会，中国声学学会语音听觉和音乐声学分科学会，中国通信学会通信理论专业委员会，国家863计划计算机软硬件技术主题专家组，2001.

［56］林茂灿.普通话孤立句的韵律结构和F0下倾［C］//新世纪的现代语音学：第五届全国现代语音学学术会议论文集.中国中文信息学会，2001.

［57］林茂灿，颜景助，孙国华.北京话两字组正常重音的初步实验［J］.方言，1984（1）：57－73.

［58］林焘，王理嘉.语音学教程［M］.北京：北京大学出版社，1992.

［59］刘海萍.粤方言语境下初中语文朗读教学的策略研究［D］.广州：广州大学，2016.

［60］刘现强.现代汉语节奏研究［M］.北京：北京语言大学出版社，2007.

［61］罗常培，王均.普通语音学纲要［M］.北京：商务印书馆，1981.

［62］罗宇.基于EPG的辅音发音部位和协同发音研究：以壮语和苗语为例［D］.上海：上海师范大学，2017.

［63］吕君忾.格律诗词之粤语吟诵［C］//吟诵经典、爱我中华：中华吟诵周论文集.首都师范大学，北京语言大学，中国音乐学院，2009.

［64］吕叔湘.中国文法要略［M］.北京：商务印书馆，1982.

［65］马宁，于洪志，李永宏，等.藏语韵律词和韵律短语的时长特征研究［J］.西北

民族大学学报（自然科学版），2014，35（3）：14－17，23.

［66］梅晓，熊子瑜.普通话韵律结构对声韵母时长影响的分析［J］.中文信息学报，2010，24（4）：96－103.

［67］孟晓红.上海话与普通话朗读语篇时韵律与呼吸的交互关系研究［D］.上海：上海师范大学，2015.

［68］倪崇嘉，刘文举，徐波.汉语韵律短语的时长与音高研究［J］.中文信息学报，2009，23（4）：82－87.

［69］钱杨.自然语流中韵律词时长分布对比分析［J］.同济大学学报（社会科学版），2013，24（1）：96－101.

［70］钱瑶，初敏，潘悟云.普通话韵律单元边界的声学分析［C］//新世纪的现代语音学：第五届全国现代语音学学术会议论文集.中国中文信息学会，2001.

［71］任桂琴，韩玉昌，周永垒，等.汉语语调早期加工的脑机制［J］.心理学报，2011（3）：241－248.

［72］沈家煊.超越主谓结构［M］.北京：商务印书馆，2019.

［73］沈炯.北京话声调的音域和语调［M］//林焘，等.北京语音实验录.北京：北京大学出版社，1985.

［74］沈炯.汉语语调构造和语调类型［J］.方言，1994（3）：221－228.

［75］沈炯.汉语语调模型刍议［J］.语文研究，1992（4）：16－24.

［76］石锋.实验音系学探索［M］.北京：北京大学出版社，2009.

［77］石锋.语调格局：实验语言学的奠基石［M］.北京：商务印书馆，2013.

［78］石锋.韵律格局：语音和语义、语法、语用的结合［M］.北京：商务印书馆，2021.

［79］石锋.汉语语调格局在不同语速中的表现［C］//石锋，潘悟云.中国语言学的新拓展：庆祝王士元教授六十五岁华诞.香港：香港城市大学出版社，1999：381－394.

［80］石锋，焦雪芬.普通话命令句语调的时长和音量分析［J］.汉语学习，2016（1）：65－73.

［81］石锋，梁磊，王萍.汉语普通话陈述句语调的停延率［J］.南开语音年报，2010（2）.

［82］谭晶晶，孔江平，李永宏.汉语普通话不同文体朗读时的呼吸重置研究特性［J］.清华大学学报（自然科学版），2008（A1）：613－620.

［83］王蓓，吐尔逊·卡得，许毅.维吾尔语焦点的韵律实现及感知［J］.声学学报，2013（1）：92－98.

［84］王蓓，杨玉芳，吕士楠.汉语韵律层级结构边界的声学分析［J］.声学学报，

2004（1）：29-36.

[85] 王蓓，杨玉芳，吕士楠.语篇中大尺度信息单元边界的声学线索 [J].声学学报，2005（2）：177-183.

[86] 王洪君.汉语非线性音系学：汉语的音系格局与单字音 [M].北京：北京大学出版社，1999.

[87] 王李.广州普通话语调停延率的实验研究 [D].天津：天津师范大学，2018.

[88] 王丽娟.汉语的韵律形态 [M].北京：北京语言大学出版社，2015.

[89] 王茂林.普通话自然话语的韵律模式 [D].北京：中国社会科学院研究生院，2003.

[90] 王梦如.汉语二声疑问词语调加工的 ERP 研究 [D].大连：辽宁师范大学，2019.

[91] 王萍，石锋.汉语普通话不同语句类型的时长分布模式 [J].语言教学与研究，2019（2）：101-112.

[92] 王萍，石锋，熊金津，等.汉语普通话"是"字焦点句的韵律表现 [J].语言文字应用，2019（3）：134-143.

[93] 王毓钧，贾媛，李爱军.语篇中生理呼吸与韵律切分的关系研究：基于汉语母语者和汉语学习者的分析 [J].中国语音学报，2015（0）：11.

[94] 王韫佳，初敏，贺琳，等.连续话语中双音节韵律词的重音感知 [J].声学学报，2003（6）：534-539.

[95] 邬志伟.中华优秀传统文化传承与古典诗词吟诵：以珠海高校古典诗词吟诵现状与发展策略为例 [J].中共珠海市委党校珠海市行政学院学报，2019（2）：73-80.

[96] 吴洁敏.汉语节律学 [M].北京：语文出版社，2001.

[97] 吴洁敏，朱宏达.汉语节律学 [M].北京：语文出版社，2002.

[98] 吴为善.汉语节律的自然特征 [J].上海师范大学学报（哲学社会科学版），2003（2）：100-106.

[99] 吴宗济.普通话语句中的声调变化 [J].中国语文，1982（6）：439-450.

[100] 吴宗济.普通话三字组变调规律 [J].中国语言学报，1984（2）：70-92.

[101] 吴宗济，林茂灿.实验语音学概要 [M].北京：高等教育出版社，1989.

[102] 熊子瑜.韵律单元边界特征的声学语音学研究 [J].语言文字应用，2003（2）：116-121.

[103] 熊子瑜，林茂灿.自然语句边界的韵律特征及其交际功能 [J].语言文字应用，2005（2）：144.

［104］阎锦婷，高晓天.普通话语调问句和"吗"字问句的不同韵律分布模式［J］.南开语言学刊，2017（2）：72－80.

［105］颜景助，林茂灿.北京话三字组重音的声学表现［J］.方言，1988（3）：227－237.

［106］杨柳新.基于脑电信号的藏语拉萨话言语韵律认知研究［D］.兰州：西北民族大学，2017.

［107］杨顺安.北京话多音节组合韵律特性的实验研究［J］.方言，1992（2）：128－137.

［108］杨晓虹，杨玉芳.汉语语篇修辞结构边界韵律表现［J］.清华大学学报（自然科学版），2009，49（S1）：1375－1379.

［109］杨玉芳.辅音特征和声调识别中的耳优势［J］.心理学报，1991（2）：131－138.

［110］杨玉芳.句法边界的韵律学表现［J］.声学学报，1997（5）：414－421.

［111］姚慧.粤语人群普通话态度语音的韵律特征分析［D］.南京：南京师范大学，2015.

［112］叶嘉莹.领衔中华吟诵周活动［J］.语文教学与研究，2011（3）：13.

［113］叶军.停顿的声学征兆［C］//第三届全国语音学研讨会论文集.中国社会科学院语言研究所，1996：21－22.

［114］于洪志，段燕华，王建斌，等.基于 EPG 的藏语夏河话单辅音腭位研究［C］//Proceedings of 2012 2nd International Conference on Future Computers in Education（ICFCE 2012 V24）. Information Engineering Research Institute，USA，智能信息技术应用学会，2012：181－186.

［115］袁楚，李爱军.汉语自然口语中非正常停顿现象初探［C］//第九届全国人机语音通讯学术会议论文集.中国中文信息学会语音信息专业委员会［清华信息科学与技术国家实验室（筹）］，2007.

［116］扎多延柯.汉语弱度音节和轻声音的实验研究［J］.中国语文，1958（12）：581－587.

［117］詹伯慧.广东粤方言概要［M］.广州：暨南大学出版社，2002.

［118］张金爽.藏语拉萨话新闻朗读呼吸和韵律研究［D］.兰州：西北民族大学，2012.

［119］张金爽，李永宏，方华萍，等.藏语新闻朗读语音停顿和呼吸重置关系研究［J］.西北民族大学学报（自然科学版），2011，32（1）：20－24.

［120］张锦玉，石锋，白学军.讲述与朗读状态下呼吸差异的初步分析［J］.南开语言学刊，2011（1）：56 – 63，186.

［121］张京花，李英浩.韵律边界对朝鲜语音段发音和声学特征的影响：基于 EPG 和 EGG 的研究［C］//第十三届全国人机语音通讯学术会议论文集.中国中文信息学会语音信息专业委员会［清华信息科学与技术国家实验室（筹）］，2015：71.

［122］赵芳珍.吴川话吟诵格律诗的情感意蕴分析［J］.文化创新比较研究，2020，4（34）：119 – 121.

［123］赵毅.粤语吟诵在广州地区中小学推广的学情可行性调查研究［J］.山西青年，2019（13）：4 – 6，10.

［124］赵元任.汉语口语语法［M］.吕叔湘，译.北京：商务印书馆，1968.

［125］赵元任.语言问题［M］.台北：台湾商务印书馆，1968.

［126］赵元任.赵元任语言学论文集［M］.北京：商务印书馆，2002.

［127］赵元任.汉语的字调跟语调［C］//赵元任语言学论文集.北京：商务印书馆，2002.

［128］郑秋豫.语篇韵律与上层讯息：兼论语音学研究方法与发现［J］.Language and Linguistics，2008（9）：659 – 719.

［129］郑玉玲，鲍怀翘.蒙古语三音节词韵律模式［C］//新世纪的现代语音学：第五届全国现代语音学学术会议论文集.中国中文信息学会，2001：92 – 100.

［130］郑玉玲，鲍怀翘.普通话半元音动态腭位研究［C］//中国声学学会 2022 年全国声学学术会议论文集.中国声学学会，2002.

［131］郑玉玲，鲍怀翘.论普通话/ – N1C2/的协同发音［C］//第六届全国现代语音学学术会议论文集.中国中文信息学会，2003.

［132］仲晓波，郑波，杨玉芳.关于普通话韵律短语重音的实验研究［J］.声学学报，2002（2）：141 – 148.

［133］周学文，郑玉玲.普通话辅音闭塞段（GAP）时长统计分析［C］//第九届全国人机语音通讯学术会议论文集.中国中文信息学会语音信息专业委员会［清华信息科学与技术国家实验室（筹）］，2007.

［134］BAUM S R，PELL M D，LEONARD C L，et al. The ability of right-and left-hemisphere-damaged individuals to produce and interpret prosodic cues marking phrasal boundaries［J］. Language and speech，1997，40（4）：313 – 330.

［135］BECKMAN M E，EDWARDS J. Lengthenings and shortenings and the nature of prosodic constituency［J］. Between the grammar and physics of speech：papers in laboratory phonology I, 1990, 37 (4): 152 – 178.

［136］ BECKERMAN, BECKMAN, M E. Evidence for speech rhythms across languages ［C］//Y TOHKURA, E VATIKIOTIS-BATESON & Y SAGISAKA. Speech perception, production and linguistic structure. Oxford: IOS Press, 1992: 457 – 463.

［137］ BEHRENS S J. The role of the right hemisphere in the production of linguistic stress ［J］. Brain and language, 1988, 33 (1): 104 – 127.

［138］ BEHRENS S J. Characterizing sentence intonation in a right hemisphere-damaged population ［J］. Brain and language, 1989, 37 (2): 181 – 200.

［139］ CANCELLIERE A E B, KERTESZ A. Lesion localization in acquired deficits of emotional expression and comprehension ［J］. Brain and cognition, 1990, 13 (2): 133 – 147.

［140］ CHOWI. Interactions between Syllabic-Level Prosody and Prosodic-Group Boundary Markers in Cantonese ［C］//Proceedings of the 2006 Annual Conference of the Canadian Linguistic Association, 2006.

［141］ COOPER WE, ELIZABETH O SELKIRK. Phonology and syntax: the relation between sound and structure MIT Press ［J］. Studies in language, 1986, 10 (1): 235 – 241.

［142］ DEN OUDEN H, NOORDMAN L G, TERKEN J, et al. Prosodic realizations of global and local structure and rhetorical relations in read aloud news reports ［J］. Speech communication, 2009, 51 (2): 116 – 129.

［143］ DRAPER M H, LADEFOGED P, WHITTERIDGE D. Respiratory muscles in speech ［J］. Journal of speech, language and hearing research, 1959, 2 (1): 16 – 35.

［144］ ELLIS L, HARDCASTLE W J. Categorical and gradient properties of assimilation in alveolar to velar sequences: evidence from EPG and EMA data ［J］. Journal of phonetics, 2002, 30 (3): 373 – 396.

［145］ ENGWALLO. Combining MRI, EMA and EPG measurements in athree—dimensional tongue model ［J］. Speech communication, 2003, 41 (2 – 3): 303 – 329.

［146］ FLETCHER J. An EMA/EPG study of vowel-to-vowel articulation across velarsin Southern British English ［J］. Clin Linguist & Phonetics, 2004, 18 (6 – 8): 577 – 592.

［147］ FOUGERON C, KEATING P A. Articulatory strengthening at edges of prosodic domains ［J］. The journal of the acoustical society of America, 1997, 101 (6): 3728 – 3740.

［148］ FOX A, LUKE K K, NANCARROW O, et al. Aspects of intonation in Cantonese ［J］. Journal of Chinese linguistics, 2008, 36 (2): 321 – 367.

［149］ GOULD W J, OKAMURA H. Respiratory training of the singer ［J］. Folia phoniatrica et logopaedica, 1974, 26 (4): 275 – 286.

[150] GU W, HIROSE K, FUJISAKI H. Comparison of perceived prosodic boundaries and global characteristics of voice fundamental frequency contours in mandarin speech [C] //International Symposium on Chinese Spoken Language Processing. Singapore: Springer, Berlin, Heidelberg, 2006: 31 – 42.

[151] GU W, HIROSE K, FUJISAKI H. Analysis of tones in cantonese speech based on the command-response model [J]. Phonetica, 2007, 64 (1): 29 – 62.

[152] GU W, LEE T. Effects of focus on prosody of Cantonese speech—a comparison of surface feature analysis and model-based analysis [C] //Proceedings of the International Workshop Paralinguistic Speech, 2007: 59 – 64.

[153] HALLIDAY M A K, MATTHIESSEN C M I M. Halliday's introduction to functional grammar [M]. London, New York: Routledge, 2013.

[154] HIRSCHBERG J, NAKATANI C H. A prosodic analysis of discourse segments in direction-giving monologues [C] // Meeting of the association for computational linguistics, 1996: 286 – 293.

[155] KEMMERER D. Cognitive neuroscience of language [M]. London: Psychology Press, 2014.

[156] KLOUDA G V, ROBIN D A, GRAFF-RADFORD N R, et al. The role of callosal connections in speech prosody [J]. Brain and language, 1988, 35 (1): 154 – 171.

[157] KOEN B E BÖCKER, BASTIAANSEN M C M, VROOMEN J, et al. An ERP correlate of metrical stress in spoken word recognition [J]. Psychophysiology, 1999 (36): 706 – 720.

[158] KRIVOKAPIC J. Prosodic planning: effects of phrasal length and complexity on pause duration [J]. Journal of phonetics, 2007, 35 (2): 162 – 179.

[159] LADD D R. Intonational phonology [M]. Cambridge: Cambridge University Press, 1996.

[160] LADEFOGED P. Three areas of experimental phonetics [M]. London: Oxford University Press, 1967.

[161] LANCKER D V, SIDTIS J J. The identification of affective-prosodic stimuli by left- and right-hemisphere-damaged subjects: all errors are not created equal [J]. Journal of speech, language, and hearing research, 1992, 35 (5): 963 – 970.

[162] LAW K M, LEE T, LAU W H. Cantonese text-to-speech synthesis using sub-syllable

units [C] //INTERSPEECH, 2001: 991 – 994.

[163] LEE T, MENG H M, LAU W H, et al. Micro-prosodic control in cantonese text-to-speech synthesis [C] //EUROSPEECH, 1999.

[164] LEE W S. The effect of intonation on the citation tones in Cantonese [C] //International symposium on tonal aspects of languages: with emphasis on tone languages. Beijing, 2004.

[165] LEE W S, CHEN F, LUKE K K, et al. The prosody of bi-syllabic and polysyllabic words in Hong Kong Cantonese [C] //Speech Prosody 2002, International Conference, 2002.

[166] LEHISTE I. Suprasegmentals [M]. Cambridge: The M. I. T. Press, 1970.

[167] LI W, YANG Y. Perception of prosodic hierarchical boundaries in Mandarin Chinese sentences [J]. Neuroscience, 2009, 158 (4): 1416 – 1425.

[168] LIEBERMAN P. The biology and evolution of language [M]. Cambridge: Harvard University Press, 1984.

[169] LIBERMAN P. Intonation, perception, and language [M]. Cambridge: The M. I. T. Press, 1967.

[170] LUCHSINGER R, GODFREY E, ARNOLD, BAARE. Voice, speech, language [M]. London: Wadsworth, 1965.

[171] LUKE K K, CHEN F, LEE W, et al. A phonetic study of the prosodic properties of bisyllabic compounds in Hong Kong Cantonese [C] //Proceedings of the conference on phonetic sciences, 2001.

[172] MA J K Y, CIOCCA V, WHITEHILL T L. The effects of intonation patterns on lexical tone production in Cantonese [C] //International symposium on tonal aspects of languages: with emphasis on tone languages. Beijing, 2004.

[173] MA J K Y, CIOCCA V, WHITEHILL T L. Quantitative analysis of intonation patterns in statements and questions in Cantonese [C] //Proceedings of the third international conference on speech prosody, 2006: 277 – 280.

[174] MA J K Y, CIOCCA V, WHITEHILL T L. The perception of intonation questions and statements in cantonese [J]. The journal of the acoustical society of america, 2011, 129 (2): 1012 – 1023.

[175] MACLARNON A M, HEWITT G P. The evolution of human speech: the role of enhanced breathing control [J]. American journal of physical anthropology, 1999 (109): 341 – 363.

[176] MAN V C H. Focus effects on cantonese tones: an acoustic study [C] //Speech

Prosody 2002, International Conference, 2002.

[177] MCAULIFFE M J, WARD E D, MURDOCH B E. Variation in articulatory timing of ghree English consonants: an electropalatographic investigation, Cli Linguist Phon, 2003, 17 (1): 43 –62.

[178] NESPOR M , VOGEL I. Prosodic phonology [M]. Dordrech-Hol land/Riverton: Foris Publications, 1986.

[179] NESPOR M, VOGEL I. Prosodic phonology: with a new foreword [M]. Berlin: Walter de Gruyter, 2007.

[180] NOORDMAN L, DASSEN I, SWERTSM, et al. Prosodic markers of text structure [C] //VAN HOEK K, KIBRIK A, NOORDMAN L. Discourse Studies in Cognitive Linguistics. Amsterdam: Benjamins, 1999: 133 – 145.

[181] OLLER, D. K. The effect of position in utterance on speech segment duration in English [J]. Journal of the acoustical society of America, 1973 (54): 1235 –1247.

[182] PIERREHUMBERT J. The phonology and phonetics of English intonation [D]. Cambridge: Massachusetts Institute of Technology, 1980.

[183] PIERREHUMBERT J, BECKMAN M. Japanese tone structure [J]. Linguistic inquiry monographs, 1988 (15).

[184] SELKIRK E O. The relation between sound and structure [M]. Cambridge: The M. I. T. Press, 1984.

[185] SHATTUCK-HUFNAGEL S, TURK A E. A prosody tutorial for investigators of auditory sentence processing [J]. Journal of psycholinguistic research, 1996, 25 (2): 193 –247.

[186] SHI F, ZHANG J, BAI X, et al. Intonation and respiration: a preliminary analysis [J]. Journal of Chinese linguistics, 2010, 38 (2): 323 –335.

[187] SHI R, GICK B, KANWISCHER D, et al. Frequency and category factors in the reduction and assimiation of function words: EPG and acoustic measures [J]. Journal of psycholinguist research, 2005, 34 (4): 341 –364.

[188] SLIFKA J. Respiratory constraints on speech production at prosodic boundaries [D]. Cambridge: Harvard-M. I. T. , 2000.

[189] SNEDEKER J, YUANS . Effects of prosodic and lexical constraints on parsing in young children (and adults) [J]. Journal of memory and language, 2008, 58 (2): 574 –608.

[190] THOMAS J, HIXON. Respiratory function in speech and song [M]. San Diego: College-Hill Press, 1987.

[191] TSENGC. Higher level organization and discourse prosody [C] //The second international symposium on tonal aspects of languages, 2006: 23 – 34.

[192] VAN LANCKER D. Cerebral lateralization of pitch cues in the linguistic signal [J]. Research on language & social interaction, 1980, 13 (2): 201 – 277.

[193] WIGHTMAN, C W, SHATTUCK-HUFNAGEL, S, STENDORF, M& PRICE, P. Segmental durations in the vicinity of prosodic phrase boundaries [J]. Journal of the acoustical society of America, 1992 (91): 1707 – 1717.

[194] WONG W Y P, CHAN M K M, BECKMAN M E. An autosegmental-metrical analysis and prosodic annotation conventions for Cantonese [J]. Prosodic typology: the phonology of intonation and phrasing, 2005 (1): 271.

[195] XU B R, MOK P. Final rising and global raising in Cantonese intonation [C] // ICPhS, 2011: 2173 – 2176.

[196] ZHANGL. Intonation effects on Cantonese lexical tones in speaking and singing [J]. Department of Chinese Language Studies (CHL), 2013.

[197] ZHENG Q Y, ZHANG J X. Pause or no pause?: prosodic boundaries revisited [J]. Tsinghua science and technology, 2008 (4).